Luise Gerbing

Das Thüringer Trachtenbuch

Tafel 1

Alt-Tabarzer Tracht (Brautheid und Kirmseheid)
Nach Aquarell von Reinhold Gerbing (1859)

Die Thüringer Trachten

in Wort und Bild dargestellt und erläutert

von

Luise Gerbing

*

Mit 17 Farbentafeln und 83 Abbildungen im Text

Erfurt 1925

Verlag der Thüringer Vereinigung für Wohlfahrts- und Heimatpflege

Leitspruch: Bauernschaft und Bauerngeist,
Ob auch selten man sie preist,
Sind des Landes Quell' und Macht,
Sind die Sieger in der Schlacht –
Wohl dem Staat, der das bedacht!

Impressum

Umschlaggestaltung: Harald Rockstuhl, Bad Langensalza

Titelbilder: Links – eine Konfirmations- und Kirchentracht aus Unterneubrunn und Metzels sowie auf der rechten Seite ein Paar aus Kieselbach bei Eisenach

Original aus der Sammlung von Harald Rockstuhl.
Nachdruck der 1. Auflage von 1925 unter dem Titel „Die Thüringer Trachten".
Verlag der Thüringer Vereinigung für Wohlfahrts- und Heimatpflege, Erfurt.
Druck in der Spamerschen Buchdruckerei in Leipzig

1. Reprintauflage 2019

ISBN 978-3-95966-404-2

Druck und Bindearbeit: Digital Print Group Oliver Schimek GmbH, Nürnberg/Mittelfranken

Gedruckt auf alterungsbeständigem Papier nach ISO 9706

Die Deutsche Nationalbibliothek verzeichnet diese Publikation in der Deutschen Nationalbibliografie. Detaillierte bibliografische Daten sind im Internet über *http://dnb.d-nb.de* abrufbar.

Inhaber: Harald Rockstuhl
Mitglied des Börsenvereins des Deutschen Buchhandels e.V.
Lange Brüdergasse 12 in D-99947 Bad Langensalza/Thüringen
Telefon: 03603 / 81 22 46   Telefax: 03603 / 81 22 47
www.verlag-rockstuhl.de

Vorwort

Mehr als drei Jahrzehnte sind verstrichen, seit ich mit dem Sammeln des Materials zu dem vorliegenden Buch begann. Wohl kein Jahr verging ohne Streifzüge durch die Thüringer Heimat. Wenige Ortschaften zwischen dem Harz und der Rhön, der Werra und der Saale sind unbesucht geblieben. Manche Gegenden (vor allem der Nordrand des Thüringer Waldes, aber auch das Werratal und das Eichsfeld) sind öfters durchwandert und von Ort zu Ort durchforscht und durchfragt worden. Von den „ältesten Leuten", die damals in den ersten Jahren der Bearbeitung noch über die Gewandung ihrer Großeltern (aus der Rokokozeit) und aus ihren eigenen Jugendtagen zu berichten wußten, lebt wohl keines mehr. Von Jahr zu Jahr wurde das Interesse an der „alten Tracht" geringer, die Auskunft magerer. Am schwierigsten und trübsten verliefen die Versuche eines letzten Zusammentragens von Arbeitsstoff während der Kriegsjahre. Da war erklärlicherweise weder Sinn noch Verständnis für die alte Zeit und ihre Gebräuche mehr vorhanden unter den in Trauer und Not Daheimgebliebenen. Und wie der Krieg und die nachfolgende Revolution wie ein Unwetter über die geistigen Güter unseres geknechteten Volkes hingebraust sind, so haben diese Stürme auch den letzten Rest von altdeutschen Sitten und Gebräuchen verschüttet. Ob die neudeutsche Jugend in ihrem Bestreben, die idealen Güter wieder hervorzusuchen, auch für die Gewandung der Voreltern Interesse hat und belebend wirken wird? Ich bezweifle es. Aus dem Volk selbst müßte der alte Stolz auf die sinngemäße Bauernkleidung hervorwachsen, soll eine echte neue Volkstracht sich entwickeln. Die Versuche, die vergangene Volkskleidung künstlich neu zu erwecken (besonders durch Trachtenfeste) sind mißlungen, so gut sie auch gemeint waren. Denn künstliches Neuentfachen abgestorbener Volksgebräuche ist ein vergebliches und auch unwürdiges Bemühen. Nur zu oft werden die einst heiligen und ehrwürdigen Überreste der alten Tracht zur abstoßenden Maskerade herabgezerrt.

Viel können wir „Gebildeten" dazu beitragen, daß eine deutsche Tracht allmählich entsteht, wenn wir Einfachheit, Geschmack, Anmut und Würde in unserer eignen Kleidung zur Schau tragen. Denn wie seit alters wird auch künftighin der Bauernstand die Stadtleute in der Gewandung zum Vorbild nehmen.

Daß dies Buch schließlich, nach manchen vergeblichen Bemühungen um einen Verleger, doch noch das Licht der Öffentlichkeit erblickt hat, ist das Verdienst der „Thüringer Vereinigung für Wohlfahrts- und Heimatpflege", die ihre weitverzweigte Organisation in den Dienst der Gewinnung von Subskribenten stellte und auch andere Verbände Thüringens für das Werk interessierte.

Dem Vorstand dieser Vereinigung, vor allem dem Vorsitzenden, Herrn Pfarrer Weigelt in Wandersleben, und dem Geschäftsführer, Herrn J. Leute in Erfurt, sowie Herrn Pfarrer Bonsack in Apfelstedt bin ich daher zu hohem Dank verpflichtet.

Zu danken habe ich auch dem Thüringer Landtag, der im Dezember 1924 2000 Mark als Beihilfe für die Drucklegung bewilligte.

Daß das Kapitel über den Altenburger Ostkreis, in dem ich keine persönlichen Erkundungen vornehmen konnte, nach Text und Bildern den übrigen Teilen des Buches mindestens gleichwertig geworden ist, ist in erster Linie das Verdienst des Herrn Gutsbesitzers Friedheim Kresse in Lehma bei Altenburg, der seine genaue Kenntnis der Trachten seiner Vorfahren und deren pietätvoll aufbewahrte Werktags- und Festkleidung aus zwei Jahrhunderten sowie die einschlägige Literatur bereitwilligst in den Dienst der Sache stellte. Auch ihm sei daher an dieser Stelle herzlich gedankt. Die Zahl der übrigen Helfer am Werke ist so groß, daß ihre Aufzählung nicht möglich ist.

Luise Gerbing

Vorwort der herausgebenden Vereinigung

Wenn die Thüringer Vereinigung für Wohlfahrt- und Heimatpflege das Thüringer Trachtenwerk von Frau L. Gerbing herausgibt, so erfüllt sie zunächst damit eine Dankespflicht gegen eins ihrer ältesten Mitglieder: Die jahrzehntelange Arbeit der Verfasserin sollte nicht im Kasten liegen bleiben, sondern endlich dahin gelangen, wo sie hingehört: In die Bauernhäuser, in die Kirchen- und Schularchive, in alle Büchereien, kleine und große, in die Heimatmuseen, in den Schulunterricht, in den Konfirmandenunterricht usw. Da verschiedene Verleger in den letzten Jahren nicht den Mut fanden, das Werk drucken zu lassen, so übernahm das eben die Vereinigung, welche für heimatliche Kultur- und Geschichtspflege da ist. Wir wollen die Trachten der Altvordern den Enkeln und Urenkeln wenigstens in Wort und Bild erhalten, wo die Trachten selbst immer mehr schwinden, und wollen der Nachwelt zeigen, wie äußere Kleidung damals das innere Seelenleben widerspiegelte, wie das ganz besonders an den eigenartigen Kirchenkleidern und Kirchenschmuckstücken zu erkennen ist. Mit dem Schwinden der alten Trachten ist es wie mit dem Schwinden der alten guten Sitten, es geht damit nicht nur Äußeres verloren, sondern sehr viel mehr Innerliches. Nun denken wir nicht etwa daran, die Erhaltung der alten Trachten erzwingen zu wollen, aber doch soll wenigstens das Nachdenken und Besinnen über das Gute und Schöne der alten Zeit geweckt werden, damit solche Stimme verstummt, die einmal sagte: „Was gehen uns die alten Lumpen an?"

Für die Thüringer Vereinigung für Wohlfahrt- und Heimatpflege:
Pfarrer Weigelt, 1. Vorsitzender

Inhaltsverzeichnis

Farbentafeln

Textabbildungen

I. Kapitel

Begrenzung des Arbeitsgebiets. Die einzelnen Gewandstücke

1. Die Begrenzung

Die Frage nach der Abgrenzung des Thüringer Trachtengebietes war schwierig zu lösen. Im Laufe der Jahrhunderte verschoben sich die politischen Grenzen Thüringens wiederholt; dabei wandelten sich aber nicht in gleichem Schritte Sprache, Sitte und Tracht der heimischen Landschaft.

Ausdauernd und charakteristisch, wie die Mundart, ist die Tracht für Thüringer Art niemals und nirgends gewesen. Sie verschob sich, wie in den übrigen deutschen Landschaften, der Umwandlung der höfischen und städtischen Mode in kleineren oder größeren Zeitabständen folgend.

Im Süden und Westen nahm die Thüringer Volkskleidung reichlich Bestandteile der benachbarten Volksstämme auf, der Franken und der Hessen. Mancherlei slavische Erinnerungen sind in gewissen Gegenden (Eichsfeld, Schwarzatal) noch nachzuweisen. Sollte das Gebiet nicht auf die Fläche nördlich vom Thüringer Wald beschränkt bleiben, so mußte daher die Verbreitung der Thüringer Mundart im allgemeinen als Abgrenzung angenommen werden. Doch brachte es die Eigentümlichkeit der Verbreitung maßgebender Trachtenstücke mit sich, daß die sprachliche Grenze in manchen Gebieten überschritten wurde. So habe ich einen großen Teil des grabfeld-hennebergischen Gebietes mit einbezogen, auch das alte Amt Sand bis Roßbach. Die Grenze der spitzen fränkischen Haube ist hier kaum zu ziehen, da die breite Thüringer Mütze sich mit der südlichen Schwester in vielen Orten mischt.

Um im Westen zu beginnen: Es läuft die Grenze vom Werraknie bei Heimboldshausen nordwärts nach Eschwege, den Ringgau einschließend, längs der Werra bis Sooden-Allendorf. Der Norden ist begrenzt durch das Unter-Eichsfeld (mit einigen Seitensprüngen in letzteres Gebiet), Nordhausen, das Kyffhäusergebirge, die Schrecke-Finne hinüber zur Saale bei Naumburg. Im Osten bildet die Saale aufwärts die Grenze bis zur Mündung der Loquitz bei Eichicht. Doch ist auf dem rechten Saaleufer das ganze Altenburger Gebiet mit berücksichtigt worden; sowohl der Westkreis (das „Holzland“ mit den „Tälern“), wie der Ostkreis des ehemaligen Herzogtums. Bei Steinbach v. W. wird der Rennsteig überschritten und es beginnt die Südgrenze, die ungefähr über Mengersgereuth, Eisfeld—Rodach—Heldburg—Milz—Römhild führt, den Jüchsegrund abwärts zur Werra; dem Lauf dieses Flusses abwärts folgend bis Wernshausen; dann, mit Einschluß des Amtes Sand (Rosagrund bis Roßbach) werraabwärts zum scharf nordwärts biegenden Werraknie, von dem wir ausgingen.

Es ist kein einheitliches Gebiet, das diese Grenzlinie einschließt, und nur die Forschungen der Sprachwissenschaft beweisen, daß Thüringer in alter Zeit innerhalb dieser

Mark einst festen Fuß gefaßt hatten. Südlich des Rennsteigs, zwischen der Itzquelle und Salzungen, ist die Thüringer Bevölkerung bedeutend mit dem Frankentum vermischt, das in dem von mir einbezogenen hennebergischen Gelände sogar stark die Oberhand hat.

Von Schmalkalden aus nord- und nordwestwärts macht sich stark der hessische Einfluß bemerkbar, bis in den Ringgau und das Eichsfeld hinein.

Als lebendiges Wahrzeichen der alten Slavenzeit ragen in einigen Gegenden, die räumlich weit auseinanderliegen (Eichsfeld und oberes Schwarzatal), die Reste der weißen Trauerkleidung der wendischen Einwanderer bis in die Gegenwart hinein, die sich, etwa seit dem 5. bis 7. Jahrhundert, erobernd, oder auch unfreiwillig eingeschleppt, hier niederließen. Von Gewandstücken anderer Gegenden (z. B. der Schurztracht der Lauchadörfer und dem durch ganz Thüringen verbreiteten Kopf- oder Heidlappen) steht der slavische Ursprung nicht sicher fest. Dagegen ist sicher die im siebenten Kapitel besprochene Altenburger Tracht in den meisten Stücken wendisch. Die weiße alt-slavische Kirchen- und Trauertracht gehört zu den Trachten „urkunden", die sich sicher in ununterbrochener Zeitfolge an den betreffenden Örtlichkeiten nachweisen lassen. Fast überall wird der wendische Trachtenbestand unterstützt durch örtliche alte Sitte (Eichsfeld), Orts- und Flurnamen (Schwarzagebiet).

Politische Grenzen kommen für Trachtenunterschiede in seltenen Fällen in Frage, weit schärfer sind konfessionelle Unterschiede ausschlaggebend. Dies tritt vor allem auf dem Eichsfeld zutage und im Frankenwald. Wo infolge verschiedener aufeinander stoßender Bekenntnisse das religiöse Leben schärfer ausgeprägt ist, kann man stets auf eine bestimmtere Ausbildung von Sitte und Tracht und auf ein treueres Festhalten an diesen Gebräuchen rechnen. So wiederum in den eichsfeldischen katholisch-evangelischen Grenzgebieten und im Hennebergischen, wo die jahrhundertelange Eifersucht zwischen Lutheranern und Reformierten das kirchliche Leben außerordentlich gestärkt hat.

Auch die zeitliche Begrenzung für die vorliegende Arbeit war in den meisten Fällen schwer zu ziehen. Das, was das Volk unter „alter Tracht" versteht, d. h. die letzte eigenartige Bauernkleidung, die stets für „uralt" gehalten wird, konnte natürlich durch genaue Nachfragen sicher festgelegt werden, soweit solche Tracht seit Menschengedenken überhaupt noch vorhanden gewesen ist. In manchen Gegenden, vor allem in Nordthüringen, ist aber die frühere Volkskleidung gänzlich aus dem Gedächtnis auch der „ältesten Leute" geschwunden und nur in einzelnen Museumsstücken, deren Ursprung aber meist unbekannt ist und die daher nur noch künstlerischen Wert haben, ist die einstige Tracht noch vertreten. Hier helfen einzig alte Abbildungen nach, die aber leider meistens ohne erkennbaren Zusammenhang mit der früheren und späteren Entwicklung stehen und bei denen auch der oft so charakteristische Name der einzelnen Kleidungsstücke nicht mehr bekannt ist.

Nur in wenigen Fällen ist es möglich, die genaue örtliche und zeitliche Herkunft eines Volksgewandes nachzuweisen. Durch sorgfältige Vergleichung mit benachbarten Trachten läßt sich wohl eine Gleichartigkeit feststellen; aber in welcher Gegend ist das Kleidungsstück zuerst aufgetreten? So läßt sich nur berichten, daß in bestimmter Zeit eine gleiche Tracht in beiden Landschaften gang und gäbe war [1]).

[1]) Ich habe in den meisten Fällen vorgezogen, lieber keine Vermutungen auszusprechen über die Herkunft und das Alter bestimmter Trachtenstücke (z. B. der spitzen Mützen im Werratal, Eichsfeld, Windeberg); eine Ausnahme bildet meine Ansicht über die Herkunft der „weißen Trauer" auf dem Eichsfeld und im Schwarzburgischen. Daß diese Vermutung von manchen Forschern nicht geteilt wird, ist mir bekannt.

Seit vorgeschichtlicher Zeit war Thüringen Durchzugsland für wandernde Volksstämme und einzelne kühne Handelsleute. Schon seit der Völkerwanderungszeit lief die uralte Königsstraße, die im Mittelalter von Antdorf (Antwerpen) bis Breslau zog, von Westen nach Osten längs des Thüringer Waldes hin, gekreuzt von verschiedenen Gebirgsstraßen, die von Süden her den Wald überschritten und gleichfalls schon in sehr alter, z. T. aus vorgeschichtlicher Zeit bezeugt sind.

Nicht nur die Verbreitung eigentümlicher Mundart, sondern auch besonderer Trachtenstücke kann in der Richtung einzelner dieser Waldstraßen nachgewiesen werden. So längs der Waldsaumstraße und wohl am auffälligsten längs der Pfade, die im Gebiete des Inselberges den Wald überschreiten, vom Werratal herüber bis in die Hörselniederung (vgl. Ruhla).

2. Die Quellen

Daß die meisten Stücke der Volkstracht ein dem Landleben angepaßtes Erbe der höfischen und Stadttracht sind, ist wohl überall anerkannte Tatsache. Eine möglichst genaue Vorkenntnis der Entwicklungsgeschichte der allgemeinen vornehmen und bürgerlichen deutschen Tracht ist daher für das Studium der Volksgewandung unerläßlich. Quellen für dieses Studium sind außer der Kenntnis der wichtigsten Fachliteratur (vor allem der handschriftlichen) die Vergleichung der Trachtensammlungen, mittelalterliche Chroniken (Limburger, Stolle), die polizeilichen Kleiderordnungen. Für die Kenntnis der Kleiderstoffe sind außerdem die Geleitsordnungen und Inventare sehr ergiebig.

Als lehrreichste Quelle für die jüngst vergangene Tracht galten mir aber von Anbeginn die Aussagen der alten Dorfleute und die Trachtenschätze ihrer Voreltern in den geschnitzten und bunt bemalten „Laden". Die volkstümlichen, so treffenden und oft humoristischen Bezeichnungen der einzelnen Gewandstücke kann man nur an Ort und Stelle festlegen.

Eine eigene hübsche Trachtensammlung habe ich selbst allmählich, wandernd und fragend, zusammengebracht und vielfach vergleichend benutzt. Öffentliche Sammlungen, so kostbar ihr Inhalt auch ist, müssen mit großer Vorsicht als Quelle verwendet werden. Zuweilen sind früher Stücke in die heimische Trachtensammlung eingereiht worden, die einem anfangs unlösbare Rätsel aufgeben, bis man sich endlich von ihrem fremden Ursprung überzeugt hat.

Seit dem Untergang des einzigartigen Dorfmuseums in Metzels (Freistaat Meiningen), das mit großer Liebe und wissenschaftlichem Verständnis von dem unvergeßlichen Lehrer Christian Schlag zusammengebracht worden war, sind folgende öffentliche Sammlungen zum Studium der thüringisch-fränkischen Volkstrachten zu empfehlen: Das Thüringer Museum in Eisenach, das Museum des Hennebergischen Geschichtsvereins in Meiningen; das Museum des Hennebergischen Vereins auf der Wilhelmsburg in Schmalkalden; das Dorfmuseum in Benshausen bei Suhl; das mit ausgezeichneter Sachkenntnis zusammengestellte und von Herrn Pfarrer Bonsack in Apfelstedt geleitete Museum auf der Wachsenburg bei Arnstadt. Sehr schöne Stücke enthalten die städtischen Museen in Jena, Weimar, Saalfeld, Rudolstadt und das des Thüringerwaldvereins in Erfurt. Auch in Privathänden befinden sich vortreffliche Sammlungen. Am reichhaltigsten und besten geordnet ist wohl die des Herrn Bruno Kestner in Waltershausen.

Für das Eichsfeld sind im städtischen Museum in Heiligenstadt mustergültige Trachtenfiguren aufgestellt. Eschweges Museum enthält hübsche Gewandstücke, besonders Hauben, die aber leider ohne Herkunftsbezeichnung sind. Dasselbe gilt vom Nordhäuser Museum.

Die „Kleiderordnungen" geben oft sehr lehrreiche Aufschlüsse über Trachtenverhältnisse aus Zeiten, die uns wenig Bilder und anderes Material überliefert haben. Wohl die älteste deutsche Vorschrift dieser Art stammt angeblich von Karl dem Großen (Kaiserchronik 14 791). Die Limburger Chronik des Tileman Elhen von Wolfhagen (vgl. Lit.-Verz.) bringt wichtige Trachtenbemerkungen aus dem 14. Jahrhundert, die sich auf das deutsche Gebiet im allgemeinen beziehen und nur vorsichtig auf unsere Gegend angewendet werden dürfen.

Durchaus zuverlässig thüringisch sind dagegen die Mitteilungen in der Erfurter Chronik des Konrad Stolle aus dem 15. Jahrhundert.

Verschiedene wichtige Notizen entnahm ich einer „Polizey-Ordnung" von 1483, veröffentlicht in Rudolphis „Gotha Diplomatica". Für die Zeit des Rokoko (18. Jahrhundert) sind die Trappsche Chronik und das „Zeichenbuch des Joh. Wilh. Trapp", beide in der Landes-Bibliothek in Weimar, mit ihren Aquarellbildern eine vortreffliche Fundgrube für Nordwest-Thüringen; für die gleiche Zeit die Badersche Chronik im Stadtarchiv zu Mühlhausen i. Th. Die Mitteilungen beider Quellen werden ergänzt durch die Bildnisse einiger dörflicher Grabsteine aus dem 17. und 18. Jahrhundert.

Unerläßlich für das Studium der Trachtenkunde ist die Kenntnis der einzigartigen Handschriften, Bilderwerke und Literaturschätze der Bibliothek Lipperheide in Berlin. Auch an dieser Stelle möchte ich meinen aufrichtigen Dank aussprechen für die liebenswürdige Unterstützung der Bibliotheksvorsteher, besonders des Herrn Prof. Dr. Doege, bei meinen Arbeiten.

Daß auch jeder Besuch eines außerthüringischen Museums zu vergleichenden Trachtenstudien ausgenutzt wurde, versteht sich von selbst. Besonders möchte ich hier das sorgfältig geordnete volkskundliche Museum in Dresden, das Museum für Volkskunde in Berlin und die Schätze des Germanischen Museums in Nürnberg hervorheben.

3. Die Stoffe zur Bekleidung

Die wichtigsten Rohstoffe, Wolle und Flachs, sind wohl seit der frühesten Besiedlung im Lande selbst erzeugt worden. Die allermeisten Ortschaften, selbst kleine Dörfer, besaßen ihre Schafherde. Auf den weiten Triften und Öländereien fanden die Tiere reichliche Nahrung. Mit der Zusammenlegung der Grundstücke (in den 60er Jahren des 19. Jahrhunderts) ist die Schafzucht stark zurückgegangen.

Das Wollespinnen, vielfach auch das Weben, gehörte zum selbstverständlichen Hausfleiß in Winterszeiten. Neuerdings hat die Not der Zeit neben dem neuerwachten Flachsbau auch das selbstgesponnene Wollgarn wieder zu Ehren gebracht.

Blauwogende Flachsfelder breiteten sich in jeder Thüringer Flur aus bis in die 80er Jahre des vorigen Jahrhunderts, denn selbstgesponnenes „Tuch" zu Leib- und

Tischwäsche, zu Männerkitteln und -hosen gehörte zum eisernen Bestand jeden Bürger- und Bauernhaushaltes.

Auch die selbstangebauten Färbepflanzen dürfen wir nicht vergessen, vor allem den Waid, dessen blaugrüne, saftige Blattrosetten im späteren Mittelalter etwa 30 000 thür. Acker einnahmen in den fruchtbaren Fluren zwischen den fünf „Waidstädten" Langensalza—Mühlhausen—Tennstedt—Gotha—Erfurt—Arnstadt. Neben dem blaufärbenden Waid, der vom 16. Jahrhundert an immer mehr durch den Indigo verdrängt wurde, diente die Färberröte (Krapp, Rubia tinctorum L.), wohl auch die Malve und der Scharlachwurm oder Kermes zum Rotfärben; Safran und Färbeginster (Genista tinctoria L.) zum Gelbfärben. Berühmt durch ihre Färbereien und Stoffdruckereien waren seit alters die thüringer Städte Mühlhausen, Langensalza, Waltershausen, Schmalkalden, Königsee. Das Hennebergische Museum auf der Wilhelmsburg in Schmalkalden bewahrt eine sehr lehrreiche Sammlung von bedruckten (besonders blau-weißen) baumwollenen Stoffmustern. Ein sehr anmutiges und eigenartiges Motiv, ein Streumuster von lila Sträußchen auf weißem Grund, trifft man häufig auf verarbeiteten Stoffen im Werratal und auf dem Eichsfeld (vgl. Eichsfeld, Festkleidung). Auch Justi, Hessisches Trachtenbuch, S. 30, erwähnt diese Streublumen.

Von fremdländischen, eingeführten Stoffen ist die Seide zu nennen und feine wollene Tuche, die meist nach ihrem Ursprungsort benannt wurden. Die Zins- und Geleitsregister haben uns viele Namen dieser kostbaren Prunkstoffe bewahrt. Der Wollstoff „Gint" weist wahrscheinlich auf die Genter Tuchweber hin, die sich als hochangesehene Tuchweber in Nordhausen und Erfurt schon im 13. Jahrhundert niedergelassen hatten (Kirchhoff, Weisthümer 265).

Die Tuche wurden in verschiedener Breite und Länge hergestellt. Besonders wertvoll waren die friesischen, die niederländischen Tuche. Unter „gutem Tuch" verstand man die flämischen, niederländischen und englischen Tuche. Die Erfurter Geleitstafel von 1441 nennt: Tuch von Brabant, Brüssel, Amsterdam, „Lundisch" (Londoner?) [1]), englisch, Gießener Tuch. Als „breite Tuch" sind angeführt: „Ein Tuch von Treyß" (Treisa in Hessen?), „Meinungen", Schmalkalden, „Hilperhausen" (Hildburghausen), Friedbacher, Zwickisch, Arnstädter, Erfurter Tuch.

Daß die thüringer dörfliche Haus-Wollweberei uralt ist, erfahren wir aus einem fuldischen Verzeichnis der Dörfer, die an fuldische Fischer Decken zu liefern hatten (1155—1165, Dobenecker II, 307): Hagen (Haina) 23 ganze Decken (lodices integri), Lupnitz desgl. 22, Gerstungen 7 Pfund Schnuren, Vargula 8 Schaffelle usw. „Loden" (ebenso „Büffel") bedeutete ein zottiges Gewebe, wie unser heutiger Lodenstoff (Heyne a. a. O. III, 218). Die Decken waren wohl gleichbedeutend mit den „Haarlachen" (lachen mhd. = Decke, Laken), also Decken aus Haar-Wollstoff.

Wieder andere Stoffe wurden „saum"weise verrechnet. Ein „Saum Gewandt" von Aachen hatte 16, eines von Ypern 12, eines von Gent 10 „Tuch".

Der kostbarste Kleiderstoff (abgesehen von den Brokatstoffen) war wohl das Purpurtuch. Selbst schmale, zum Besatz geeignete Stoffstreifen wurden als Zahlung an-

[1]) Die Herkunft dieser Stoffe und die Zeit ihrer Herstellung habe ich leider nicht erfahren können. Vgl. „W." (S. 17).

genommen (Kirchhoff, a. a. O.). Noch 1295 erkauft das Neuwerkskloster in Erfurt für 725 Mark Silber und ein vollständiges farbiges Stück Tuch (pro panno integro colorato) Güter in Erfurts Umgegend (Erf. Urk.-Buch. I, 441).

Ein halb wollener, halb leinener Stoff, „schwer, aber nicht dauerhaft" (Kirchhoff, a. a. O. 113, Anm. 349), war der „Dirdendei". Bis in neueste Zeit ist „Beiderwand, Beidermann, Beidergewand", ebenfalls ein halbleinen-halbwollenes Zeug, verarbeitet und getragen worden zu Männerhosen, Weiberröcken und Schürzen. Aus denselben Stoffen webten die „Schaluner" oder „Schaleuner" ihr „Schalunwerk".

Die Leinweberei war bis in neueste Zeit ein echtes Haus- und Dorfgewerbe, das wohl in keiner Ortschaft fehlte. Auf dem Eichsfeld nährten sich viele der ehemals ärmlichen Dörfer hauptsächlich von der Weberei. Die „Ziechener" webten das Bettgewand („Ziechen"), das „Brottuch", d. h. Tischtuch, die „Handzweln" (Handtücher) und Säcke aus starkem leinenem Tuch. Kunstvolle Damastgewebe (besonders mit biblischen Motiven) zu Bettbezügen sind noch vielfach erhalten aus dörflicher Webkunst. Zwilich und Drilich hieß das aus zweifachem oder dreifachem Faden hergestellte leinene oder baumwollene Gewebe.

Wie bedeutend der Flachsbau und der damit zusammenhängende Zwirnhandel ausgangs des Mittelalters in Thüringen in Blüte standen, beweist ein Steuerregister von 1546. Aus dem Dörfchen Friedrichrode sind darin 85 Besteuerte angeführt, die „Zwirnhandel" trieben. Die Leute kauften das Flachsgarn im „Land" auf, bleichten es vermittels Besprengens mit ihrem klaren Bergwasser auf den noch heute vorhandenen Bleichplätzen und verhandelten den weißschimmernden Zwirn dann durch ganz Thüringen und weiterhin auf ihren zweirädrigen Karren.

Dieses Gewerbe hat bis in die neueste Zeit geblüht, am großartigsten in den Tagen der napoleonischen Kontinentalsperre, die gegen die englische Baumwollindustrie gerichtet war.

Schleiertuch und Schleier) zur Abendmahls- und Trauerkleidung, wie als vielverbreitete Kopftracht (Hader um Steinbach v. W., Schleier um Zella-Mehlis) scheinen von auswärts eingeführt worden zu sein, großenteils aus dem Vogtland. Dort war die Schleierweberei im 16. Jahrhundert durch aus Dordrecht geflüchtete Bürger eingeführt worden (Bavaria III. 1, S. 557: „Die Höfer Schlörn waren damalige Modehalstücher und Busentücher aus reiner weißer Baumwolle gewebt"). Nach dem Geleitsregister von 1522 (St.-Arch. Weimar) wurden in diesem Jahr in Erfurt verzollt an Schleiern 784 „Stück", ein Schock; für 6 fl. — „Schlörle" hießen im Schmalkaldischen die duftigen weißen Abendmahlshauben.

Tierhäute, mit oder ohne Haar, waren wohl die ältesten Bekleidungsstoffe der Menschen. In unendlich verschiedenen Abänderungen und Geschmacksrichtungen haben sich Leder und Pelz als Gewandung und Besatz bis in unsere Tage erhalten. Gerade die „geringen" Leute haben im Mittelalter Lederröcke[1]) getragen (M. Heyne, a. a. O. III, 213). Lange Lederhosen kennen wir schon durch Moorleichenfunde. Als dauerhafte Volkskleidung hat sich die Leder-Beinbekleidung durch die Jahrhunderte erhalten, als Langhosen, Strumpfhosen (s. u.) und vor allem als Fußbekleidung.

Auch der Pelz ist im Volk ein allgemein zum Wetterschutz verwandtes Kleidungsstück gewesen. Scharf geschieden waren von jeher das gewöhnliche und das kostbare,

[1]) Vgl. „W." (S. 17).

Mieder in Perlenstickerei aus der Vorderrhön

besonders aus dem Norden und Osten eingeführte Pelzwerk, das den Vornehmen vorbehalten blieb. Dieses hieß „Schönwerk" oder „Buntwerk", d. h. farbiges Pelzwerk. Dazu wurden hauptsächlich Biber, Marder, Luchs und das graue Eichhörnchen gerechnet.

Dem Bauernstand verblieb das gemeine Pelzwerk: Wolf, Fuchs und besonders das Schaffell. Schaffelle waren so recht der Winterschutz beim Überlandfahren und -reiten für den „gemeinen Mann".

In großen Mengen wurden Pelze[1]) und Leder von jeher in Thüringen verhandelt; ich möchte hier nur erwähnen, was beispielsweise im Jahre 1522 von dieser Ware nach Erfurt eingeführt wurde (Erfurter Handel a. a. O. 143 f.): „Leder": 1 Karren 7 Techer[2]), 7 Zentner, 4 Ballen; „Rindsleder": 2724 Stein[3]), 62 Techer, 8 Zentner, 3 Karren; Sämisch Leder: 10 Techer, 14 Schock, 300 Stein; „Rauchwerk": 100 Stein; „Gar Leder": 137 Zentner 2 Karren; „Schönwerk": 5 Zeimel[4]); „Felle": 14 Techer, 1 Karren, für 1 fl.; Schaffelle: 95 Techer, 16 Schock, 82 Stein, 206 Stück, 3 Wagen; Lammfelle: 1741 Stein; Bockfelle: 6 Techer, 1 Schock; „Erich"[5]), d. h. Bockleder, besonders zu Schuhen und Hosen beliebt: 404 Techer, 41 Schock, 12 Stein; Ziegenfelle: 10 Techer; Kalbfelle: 17 1/2 Techer, 217 Stein, 3 Schock; Hirschhäute: für 3 fl.; Pelze: 7 Stück; Korssen (d. h. Kürschnerware): 93 Stück, 1 Karren; „Ratzbälge": „2 Techer, 1/2 Ztr. (aus Tambach); Hamster: 9 Schock; Fuchsbälge: 872 Stück, 1/2 Ztr., 1 Ballen; Luchsbälge: 5 Schock (oder Stück? aus Rothenburg a. d. Fulda); Wolfsbälge: für 2 fl.; Otterbälge: 20 Stück; „Schymyssen"[6]): 244 Ztr., 7 Karren.

Pelzwerk war vor allem beliebt als Stoff zu Mützen, Hauben, Kappen (vgl. „Kopfbedeckungen", Kap. Waldsaumstraße und Werratal). Als Besatz kam Pelzwerk volkstümlich weniger in Anwendung; desto mehr umrahmten Pelzstreifen die wärmenden und Prunkhüllen der Vornehmen, auch als Zierat die Kleiderröcke und Jacken reicher Patrizierinnen.

Einen äußerst lehrreichen Einblick in die Volkskleidung der zweiten Hälfte des 16. Jahrhunderts in Mittelthüringen läßt uns ein Aktenstück des Goth. Staatsarchivs tun (W. W. I. 7), das Herr Pfarrer Köllein in Warza mir mitzuteilen die Güte hatte. Es bezieht sich auf Plünderungen, die von den Exekutionstruppen des Kurfürsten August während des „Gothischen Krieges" (der Grumbachischen Händel) in der Umgebung des belagerten Gothas vorgenommen wurden. Warza und Bufleben, die beiden Dörfer, mit denen sich das Aktenstück beschäftigt, liegen nördlich von Gotha.

Der Titel des Schriftstückes lautet: „Verzeichnis alles desjenigen, was die einwohner und nachbarn von Warza [und Buflöben] 1567 bei dem Executionskrieg an schaden gehabt."

Im folgenden gebe ich den wichtigsten Inhalt des Aktenstückes auszugsweise wieder und werde auch im Text an den betreffenden Stellen unter „W." darauf hinweisen.

Außer Wäsche und Bettgerät wurden sowohl Männer wie Frauengewandung, auch Schmuck in großer Menge geplündert. Als Gesamtname für die Bekleidung hat sich bei ihrer Aufzählung das alt- und mittelhochdeutsche Wort wât, giwâti erhalten in gewettich: „eine lade voll gewettich"; „kleider und weiß gewethe".

---

[1]) Vgl. „W." (s. unten). [2]) 1 Techer = 10 Stück. [3]) 1 Stein = 2 Zentner. [4]) 1 Zcemel oder Zimmer = 40 Stück. [5]) êrch, mittelhochdeutsch = Bock; erchgewëre = Bocklebergerber. [6]) Ziesel-mäuse, zum „Buntwerk" gehörig, massenhaft aus Rußland eingeführt.

Hemden (Hembden[1]) sind in recht großer Anzahl erwähnt, sowohl als Männer- wie als Frauengewand, dabei auch ein „wullen Hembde".

Von Männerkleidung ist noch zu erwähnen:

1. Hosen: „1 schwarz paar hosen"; „1 lundisch paar hosen".

2. Röcke: „1 gevenlicher rock; 1 kemlicher mannsrock; 1 lundisch männerrock".

Unsicher, ob auf Männer- oder Frauenkleidung bezüglich sind folgende Erwähnungen: „1 rotlicher rock mit funf par silbernen, ubergulten heften; 1 harrasrock; 1 kemling; 1 grüner rock; 2 röcke von Drellich."

3. Das Wamst (mhd. wambeis, wambîs), eine enganliegende Jacke, ist wohl vorzugsweise von Männern getragen worden. „Wameß, wannst" ist noch erwähnt als „1 ledderwamest; vorstateter wamest"[1]).

4. Als Über- und Schutzkleider sind zu nennen die Mäntel; ob sie für Männer oder Frauen bestimmt waren, ist gewöhnlich nicht ausgesprochen. Außer „mantel" schlechthin noch „gießner, lundisch, schwarzer, von gemeinem tuch".

5. Haupt- und Fußbekleidung der Männer ist nur wenig erwähnt: „1 neu par mannsschue, 1 huet, 1 spanisch pareth".

Ausdrücklich als Frauengewandung sind folgende Stücke zu erweisen:

1. „hembden" (in der „gewettigsladen").

2. Röcke: „1 rot frauenrock"; „ein braun gießersrock, mantel, jacken, samtband und ander weibergeschmuck mehr."

3. Vielleicht kann man auch die erwähnten Jacken als Frauenkleidung ansprechen. Sie sind vorhanden als „tuchene, lundische, rote jacke mit samt".

4. Dreimal sind „Frauenpelze" (auch „leibpelz") angeführt;

5. dreimal „frauenkettel".

6. Als Ergänzung zum Frauenrock sind die Mieder wichtig, genannt „müdder, frauenmudder und frauenbrüstlein".

7. Von großem Wert sind die Nachweise über weibliche Kopfbedeckungen. Von „hauben" ist nirgends die Rede. Einmal wird ein „rauhen (pelzener?) frauenhuett" erwähnt. Dagegen spielen die „schleyer", „stauchschleyer", eine große Rolle; mhd. sleier, sloiger und stûche bedeuten dasselbe: eine Umhüllung des Kopfes. Meister Rennaus (ed. Schönbach 71, nach Heyne a. a. O. S. 318, Anm. 277) sagt: „manig frau spet und fru lest iren man nit haben ru, er kauf ir sleier und sturz vil" ... Die schleyer wurden in der „schleyerlade" aufbewahrt. Diese muß recht geräumig gewesen sein, da z. B. elf, auch „fünfzehn schleyer" in einem Besitz erwähnt werden.

Endlich erhalten wir durch das Verzeichnis auch wichtige Aufschlüsse über den Frauenschmuck, das „geschmeide".

Mehrfach ist das „schapel" genannt (mittelhochdeutsch schapel = Stirnreif), dieser band- und kranzartige Kopfschmuck, dessen Name längst aus dem Gedächtnis des Thüringer Volkes geschwunden ist. „2 perlenschappell von silber und übergüldet gewest; 1 silberne schappeln."

Dagegen werden noch heute die Glasperlen- und Bernsteinketten „Korallen" und „Nunstern" genannt. Im Verzeichnis ist dieser ursprüngliche Name noch vorhanden:

[1]) Vgl. Heyne a. a. O. S. 289, 296.

1 korallenpaternoster; Korallen sampt einem taler"; also ein „Anhänger" an der Kette, wie noch heute üblich.

Kinderkleidung ist nur einmal vertreten, zwei kinderketteln.

Mehrfach sind die Stoffe der Kleidungsstücke genannt; wir erfahren dadurch ihre Herkunft. Als besonders wertvoll galt das englische Tuch („lundisch" = londoner Tuch) und die flandrischen Stoffe („harrasrock" = Tuch aus Arras). Kemling (kemmelen mittelhochdeutsch = Wolle zupfen, schlagen, Heyne S. 214) wird ein wollener Flauschstoff sein.

4. Die einzelnen Stücke der Männerkleidung

1. Das Hemd. Durch das ganze Mittelalter war das Tragen des Hemdes (mhd. hemidi) selbst bei den höheren Ständen eine Ausnahme, beim gemeinen Mann etwas ganz Ungebräuchliches; zu Bett legte man sich ganz unbekleidet[1]).

Das älteste Frauenhemd aus Thüringen stammt aus dem 14. Jahrhundert (s. u. S. 24). Über Männerhemden erzählt die Stollesche Chronik (a. a. O. S. 356) von 1480, daß diese Untergewänder geziert gewesen seien: „item die breiten hemde, mit den großen, breiten brostlitzen gingen auch uß in disen jaren, dy trugen dy manne, und forne geriket (mit Bändern gebunden? ric mhd. Band).

Die Bauernhemden späterer Zeit, deren Schnitt sich bis auf die Gegenwart erhalten hat — weit, lang, mit langen Ärmeln, an diesen Bündchen, breitem, umgeschlagenem Kragen, waren stets aus derber, selbstgesponnener Leinwand.

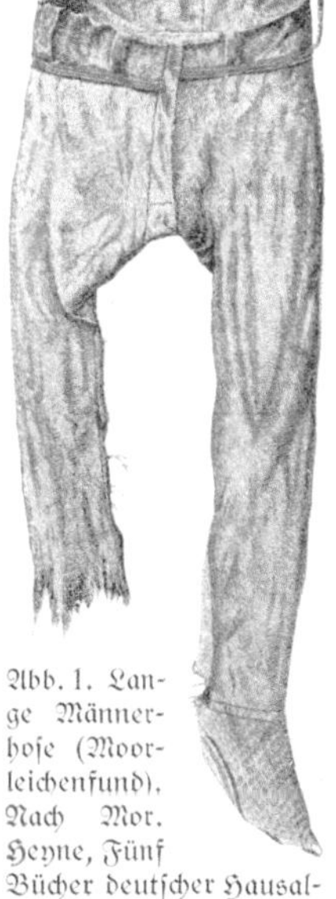

Abb. 1. Lange Männerhose (Moorleichenfund). Nach Mor. Heyne, Fünf Bücher deutscher Hausaltertümer, Bd. III, S. 259

2. Die Hose[2]). Die altgermanische Hose, wie wir sie aus dem 4. Jahrhundert durch die Funde der Moorleichen kennen (Abb. 1) unterscheidet sich, abgesehen von dem angenähten Fußstück, nur wenig von unseren neuzeitlichen Formen. Aber schon in der Völkerwanderungszeit übernehmen die Germanen die keltischen Kurzhosen, zugleich mit deren Namen: Bruch. Die Bruch reichte ursprünglich bis zum Knie (wie viele Jahrhunderte später die Kniehosen der Rokoko- und Biedermeierzeit), schrumpfte aber allmählich zu einer Art Hüften- und Lendenbekleidung zusammen. Nach dem Kaiserrechte wurden dem Bauer für Hemde und Bruch nur „siben elne rupfin tuoch" (Leinwand aus Werg, also ganz grober Stoff) erlaubt (Kaiserchronik, 14 799ff.). Noch im 16. Jahrhundert ist die Bruch unter dem Rock allgemein getragen worden.

Als Martin Luther am 26. Februar 1537 todkrank vom Schmalkalder Konvent in einem Reisewagen nach Tambach geschafft wurde, wurden alle möglichen Erleichterungen für den Leidenden angewendet auf Befehl des Kurfürsten. So heißt es in einem Rechnungsbeleg (Geh. Staatsarchiv Weimar, Reg. 4., Fol. 123, Nr. 54) vom 3. März 1537: „1 fl. 3 gr. vor 8 ellen schwarzen parchent, dem Doctor Martino zu

[1]) Indessen werden aus dörflichen Kreisen („W.") schon im 16. Jahrhundert „Hembden" erwähnt.
[2]) Vgl. „W."

einer bruch und einem gesetz (Lager, Decke) auf die knie, 4 gr. dem kurschner zu futtern."

Die Bruch schützte weder die Unterschenkel noch den Unterleib genügend. Es kamen daher Langstrümpfe auf, die Füße und Beine bedeckten und die man durch einen Gurt oder durch Nesteln am Hemd befestigte. Dieses Kleidungsstück nannte man Hosen. Vielfach aus Leder gearbeitet, besonders für Fuhrmanns- und Bauernkreise, hießen sie Lersen, d. h. Lederhosen. Sie wurden einzeln, Bein für Bein, angezogen und diese Beinlängen durch Nesteln verbunden. Eine Lederschlinge hielt jede Länge oben am Gurt fest. Neben dem Leder wurde Leinwand im Haus gewöhnlich zu Hosen verwandt (K. Stolle, a. a. O. 471: man trug ... keine gancze hossen, dy bant man mit czwene seckeln an [i. J. 1440])".

Die Bauernhosen des 17. Jahrhunderts waren die den Landsknechten abgeguckten „Pumphosen", oben weit und faltig, nach unten sich verengend (Abb. 15), hinten waren sie durch einen Zwickel verbunden und wurden am oberen Rand durch eine Zugschnur zusammengehalten.

Im Anfang des 18. Jahrhunderts kamen die Kniehosen auf, besonders aus Leder (Hirsch- und Bockleder), die sich auf dem Land bis in unsere Tage als außerordentlich praktisch erhalten haben. Der vordere Schlitz wurde dabei durch einen Latz ersetzt. Mit den Kniehosen zugleich führte man die Hosenträger ein, die die Beinkleider viel sicherer festhielten und weit gesünder und bequemer waren als der Gurt. Die neuzeitlichen langen Hosen sind auf dem Dorf erst in den 30er Jahren des 19. Jahrhunderts in Gebrauch gekommen.

3. Die ersten Strümpfe, die unentbehrlich zur Tracht der Kniehosen waren, sind aus Leder, wohl auch aus Leinwand zugeschnitten und zusammengenäht worden; gewöhnlich wurden Fuß und Beinlängen getrennt.

Bei einheitlichem Schnitt wurden farbig bestickte oder gestrickte Zwickel eingenäht. Bauersleute trugen nur starke Wollstrümpfe, gewöhnlich grau und weiß („Läus und Flöh", Ruhla).

4. Röhrenförmige Ledergamaschen, mit Krabben oder Schnallen zusammengehalten, wie sie im Weltkrieg allgemein getragen wurden, kannte man schon im 15. Jahrhundert. Zusammengehakte Gamaschen aus weichem Leder oder Leinwand waren eine überall verbreitete, unentbehrliche Tracht der Fuhrleute und Bauern bis in die Jetztzeit.

5. Die Schuhe[1]. Das Barfußgehen war auf dem Lande wie in den kleinen Städten (wie neuerdings während der Kriegszeit) allgemein üblich bei „kleinen Leuten". Als Winterschutz hat man wohl sehr früh Holzschuhe benutzt; aber auch Lederschuhe kennen wir schon aus vorgeschichtlicher Zeit. Man fertigte den Schuh aus einem Stück an und befestigte ihn mit Riemen am Unterschenkel. Danach hieß er Bundschuh und ist durch die Jahrhunderte bezeichnende Bauerntracht geblieben. Im Bauernkrieg war „der Bundschuh" als Wahrzeichen in die Fahne gestickt, geradezu ein Wappen der Aufständischen. Später und bis in die neueste Zeit hat man die Schuhe mit Senkeln geschnürt.

Die Mode des spitzen Schnabelschuhs wie des vorn unförmlich breiten „Kuhmauls" hat der Bauer im 15. und 16. Jahrhundert dem Vornehmen nachgeahmt, wie

[1] Vgl. „W".

andere Trachten. Konrad Stolle (a. a. O.456) berichtet: „... 1480 do vergingen dy langen snebeln an den mannes schon. Darnach gingen uß die breiten scho, genant kowemoler.

Bis über die Knie hinauf reichte der Stiefel, der beim Reiten oder bei Wanderungen auf unwegsamen Strecken angezogen wurde. Er hat sich aus dem alten Lederstrumpf entwickelt und wird bekanntlich noch heute auf dem Land getragen, wenn auch nicht in so schwerfälliger Form wie vor Zeiten.

Die Oberkleidung. 1. Der Kittel[1]). Kein Männergewand ist dem praktischen Arbeitsbedürfnis des Bauern so angepaßt wie der Kittel. Gewiß hat sich dieses Kleid schon in vorgeschichtlichen Zeiten herausgebildet, und der Landarbeiter wird ihm treu bleiben, solange er hinter dem Pfluge herschreitet. Der „Rock" einer Moorleiche gleicht aufs Haar einem Fuhrmannskittel (Engelhardt Thorsbjerg, Mosefund, Taf. I). Im Mittelalter wurde der Kittel allgemein von der handarbeitenden Bevölkerung getragen (Behaim, Buch von den Wienern, 386, 25: „ein Ackermann hat ainen groben kitel hert, der was wol siben pfenig wert." Nach Heyne, III, 294, Anm. 177).

Abb. 2. Fuhrmann aus Molschleben

Der Kittel ist ein hemdartiges „Schlief"-kleid; man warf es über, schlüpfte mit dem Kopf durch den Halsausschnitt. Der Halsschlitz ist mit einem niedrigen Kragen ausgestattet, die langen Ärmel mit Bündchen. Beide, Kragen und Bündchen, bestickte man gern. Zu Zeiten wurde der Kittel in der Taille mit einer Schnur zusammengefaßt. Stets benutzte man Leinwand oder Hanfgewebe zur Herstellung, weiß oder blau gefärbt. Die Fuhrleute hießen nach dem charakteristischen Kleidungsstück geradezu „Blaukittel". Um die Wende des 19. Jahrhunderts trugen die Thüringer Bauern weiße Kittel. Noch weit länger hat sich dieser Brauch um Nazza und Neukirchen erhalten (Abb. 2).

2. Der Bauernrock hat im Laufe der Jahrhunderte mannigfaltige Wandlungen erfahren, je nach dem Wechsel der städtischen Mode. Wir können hier nur die Hauptformen verfolgen.

Der „Rock" ist der vorn durchgetrennte Kittel mit weiten Ärmeln, der gewöhnlich bis oberhalb des Knies reicht. Er hieß Bauernschaube (16. Jahrhundert). Dieses, der reich ausgestatteten Schaube (Oberkleid) der Vornehmen nachgeahmte Gewand fand große Verbreitung in ländlichen und Handwerkerkreisen. Ein eng anliegender Rock mit

[1]) Vgl. „W".

kurzem Schoß und Brustblättern, die man übereinanderschlagen konnte, hieß „Wams“. Handwerker liebten es, den unteren Teil des Wamses kräftig auszupolstern. Das sah recht wohlgenährt aus. Man nannte diese eigentümliche Modeliebhaberei „Gansbauch“. Heute nennen wir „Wams“ eine kurze, offene Jacke.

Dem Wams ähnlich ist die Joppe oder Gippe, die von Männern wie auch von Frauen getragen wurde (Heyne III, 295). Seb. Brant meint im „Narrenschiff“ (82, 13ff.) über die Kleidung hoffärtiger Bauern: „in schmeckt der Zwilch nit wol als ee, die buren went keyn gyppen me, es můsz sin lundsch und mechelsch kleit.“ K. Stolle (a. a. O. 471) berichtet vom Jahre 1440: „dy manne trugen rocke, dy waren forne zu; . . . wenig parchens (barchentne) jopen“; und vom Jahre 1480 erwähnt er (a. a. O. 456): „weite prissen (Einfassungen) an den yopen ermeln.“ Die ellenlangen Bauernröcke für den Sonntagsstaat, für feierliche Familienfeste, das Abendmahl, die Leichenbegleitung, — diese für Haus- und Feldarbeit unbrauchbaren Kleidungsstücke, die unsere Großeltern noch viel gesehen haben und die noch heutzutage von Alten, die an der Vergangenheit hängen, hie und da getragen werden, — auch sie haben sich allmählich aus der Bauernschaube entwickelt.

3. Die Weste. Sie war ursprünglich (d. h. im 17. Jahrhundert) ein allgemeines Arbeitsgewand, auch für Soldaten und Bauern, für diese nur kürzer und enger, von jeher beliebt aus Leder. In kostbarer Ausstattung, mit reichen Stickereien und vielfachem Knopfbesatz, kam dieses Kleidungsstück gegen Ende des 18. Jahrhunderts als „gilet“ aus Frankreich. In mannigfacher Ausführung übernahm der Bauernstand die Weste: bis zum Hals hinaufreichend und den ganzen Leib bedeckend; teilweis kurz und zierlich mit sehr zahlreichen und ansehnlich großen Knöpfen, oft doppelreihig besetzt; besonders beliebt waren kugelige Silberknöpfe (vgl. Taf. 11, Abb. 1). Manche ließen sich ihr Wappen oder Handwerkszeichen auf die Knöpfe prägen, z. B. der Müller das Rad. Die Rückseite der Weste ist stets von geringerem Stoff.

4. Der Mantel. Die ältesten Oberschutzhüllen bestanden wohl aus einem Pelzüberwurf, für den Bauern aus Schaffell; doch beweisen die Moorleichenfunde, daß weite, starkwollige Deckkleider schon in vorgeschichtlicher Zeit in Gebrauch waren.

Im Mittelalter wurde die Kutte mit der Kapuze („Gugel“), und zwar nicht nur von Geistlichen, häufig getragen.

Aus dem 16. Jahrhundert stammt ein ungemein malerisches Gewandstück, der Spanische Mantel. Ursprünglich war er ein Amtsgewand der sog. „Einspännigen“[1]), d. h. der Abgesandten der Freien Städte. Auf vielen Thüringer Stichen ist das Stück festgelegt (Abb. 3). Der Bauernstand übernahm es als feierliches Fest-Obergewand für Mann und für Frau; besonders letztere haben bis in die 60er Jahre des 19. Jahrhunderts den Spanischen Mantel allerwärts getragen: bei Leichenbegängnissen, zum Abendmahl und vielfach auch als Brautmantel. Auch den Kurrendschülern diente er in gekürzter Form als Umhang (vgl. Taf. 4, Abb. 2, und Textabb. 19).

Neben dem Spanischen Mantel war als Kirchen- wie als Reisemantel seit dem Anfang des vorigen Jahrhunderts noch ein langer, knapp anliegender Überrock mit halblangem Kragen aus feinem Tuch oder derbem Wollstoff beim Bauersmann in Gebrauch, der „Manteng“.

[1]) Nach Grimm, DWb., ein einzelner Reiter, der als Geleit mitgegeben wurde.

5. Die Kopfhüllen. Wir müssen unterscheiden zwischen dem mehr oder weniger steifen, in die Höhe ragenden Hut[1]) und der weichen, eng anliegenden Haube, Mütze, Kappe.

Die älteste bekannte und noch heute vielfach bei alten Bauern beliebte Kappe ist die Zipfelmütze, das Wahrzeichen des deutschen Michel.

Der Hut galt seit alters als ein Sinnbild der Würde. Er wurde abgenommen, um Ehrerbietung, Unterwürfigkeit anzuzeigen. Noch heute legt der Bauer die Mütze in seiner Stube, in der er der Herr ist, nicht ab. Ziemlich breitkrempige, grobgeflochtene Strohhüte sehen wir schon auf den Abbildungen des Bauersmanns im Sachsenspiegel (13. Jahrhundert). Daneben wurde die Pelzmütze mit verschiedenartig aufgeklappter Krempe aus Fuchs- oder Marderfell getragen. Der harte Eisenhelm verlangte eine weiche Filz-Untermütze.

Abb. 3. Spanischer Mantel (nach einem Stich des 16. Jahrhunderts)

Das Barett[1]), jene flache Mütze des 15. und 16. Jahrhunderts, die Amtstracht gelehrter und vornehmer Leute („Doktorhäublin"), ist wohl von Handwerkern, aber selten und dann nur als Putz von Bauern getragen worden. Wir alle kennen diese Mütze gut als Doktor Luthers Kopfbedeckung.

Die Bauern des 16. Jahrhunderts trugen neben ihren Pelzkappen und Zipfelmützen Zylinder, im 17. Jahrhundert spitze spanische oder breitkrempige Schlapphüte. Das 18. Jahrhundert brachte die Dreimaster, um die Wende des 19. Jahrhundert „Napoleonshüte" genannt. Zweimaster aus Filz waren vielfach Amtstracht der Leichenträger.

6. Den Handschuh hat der Bauer lediglich gegen die Kälte getragen; Pelz war der geeignetste und dauerhafteste Rohstoff dazu. Sicher ist der Handschuh anfangs ein mit dem Ärmel zusammenhängendes Stück gewesen, das zurückgeschlagen werden konnte. Die ältesten Handschuhe waren Fausthandschuhe, bald mit, bald ohne einen Däumling. Fingerhandschuhe zu tragen war ein Vorrecht der Herren. Freilich strebte auch der Bauer danach, sich „hendelinge" anzuschaffen. Seit alters ist der Handschuh ein wichtiges Sinnbild in der Rechtsprechung gewesen.

5. Die einzelnen Stücke der Frauenkleidung

Ursprünglich haben sich germanische männliche und weibliche Kleidung (nach Tacitus) wenig unterschieden, abgesehen von der Länge und Weite des Rockes der Frau und der Entblößung des Oberkörpers beim Mann. Beide trugen das schlichte, hemdartige „Schliefkleid" (so genannt vom Hineinschlüpfen, vom Ziehen über den Kopf) und ein Obergewand; bei Ausgängen im Winter gewiß den Mantel aus Pelz oder starker Wolle.

1. Das Hemd. Das älteste bekannte Thüringer Frauenhemd ist um 1867 bei einem Umbau in der Burg Ranis bei Pößneck gefunden worden, zusammen mit einer Anzahl Gegenstände, die nachweislich aus dem Anfang des 14. Jahrhunderts stammten

[1]) Vgl. „W".

Abb. 4. Frauenhemd des 14. Jahrhunderts, gefunden auf Burg Ranis (nach Mor. Heyne, Fünf Bücher deutscher Hausaltertümer, Bd. III, S. 311)

(Abb. 4). Hermann Quantz (Ein spätmittelalterlicher Fund auf Burg Ranis, Zeitschr. f. Thür. Gesch., N. F. 17, 1896, S. 185ff.) beschreibt dieses Gewand wie folgt:

„Es ist aus ziemlich grobem Leinen verfertigt und trägt umgenähte doppelte Säume. Es weist unterseits Einsatzteile, sog. „Spiele" (Zwickel) auf, ist 68 cm lang und zwischen den Achseln 29 cm breit. Von Interesse sind an ihm die schmalen Tragbänder." Wie lange vorher schon gleiche Unterkleidung in Gebrauch war, läßt sich nicht nachweisen Das für die Thüringer Trachtenkunde unschätzbare Stück hat die gleiche Form wie das bis in unsere Tage durch ganz Thüringen verbreitete „Osselhemd" (d. h. Achselhemd). Es ist tief ausgeschnitten, ärmellos und wird auf den Achseln durch ein Bündchen geschlossen. Die Bauernhemden der jüngstvergangenen Zeit sind allerdings bedeutend länger, gewöhnlich von der Länge des Kleiderrocks, und der Achselschluß wird entweder durch ein geschlossenes Bündchen oder durch Bänder vermittelt. Eine besondere Form bilden die Tanzhemden („Daanzhem"; Abb. 5). Ihre Weite betrug längs der Waldsaumstraße etwa $3^1/_2$ m. Um den Oberkörper bildet dieses Hemd eine Art ausgeschnittenes Leibchen; um den Leib ist es entweder in enge Falten gezogen, die weit nach dem unteren Rand zu auseinanderfallen, oder es besteht aus vielen, sich nach unten erweiternden Zwickeln, „Späteln" im Hennebergischen, „Girn, Gern" nördlich vom Thüringer Wald genannt. In beiden Fällen war der Zweck der großen Weite, daß die Hemden beim Tanz möglichst flattern sollten und dabei die bloßen Beine sehen ließen. Auf dem Eichsfeld war das am unteren Rand mit Spitzen besetzte Tanzhemd so lang, daß es unter dem Rock hervorsah

Neben dem „niderhemde" oder „niderkleid", das auf dem bloßen Leib getragen wurde, gab es schon im 14. Jahrhundert ein „oberhemde"[1]) aus einfachem oder kostbarerem Stoff; es wurde je nach der Ausstattung als Hausgewand oder zum Fest getragen. Dies Oberhemd war mit Brustsäcken versehen, die die Formen hervorheben sollten, ähnlich wie später der Schnürleib. Meister Rennaus, ed. A. Schönbach 1873, V. 55 sagt über diese gefallsüchtige Tracht: „ir manche macht zwen tutenseck, damit so snürt sie umb die eck, das sie anschau ein jeder knab, wie sie die hübsche tütlein hab." Daß auch Thüringen diese Mode mitmachte, bestätigt Konr. Stolle (a. a. O. 456): „... Hemde, dy hatten secke, do sy dy broste instackten ..."

[1]) Neidhard von Reuental (Anfang des 13. Jahrhunderts), Wintertanz in der Bauernstube: „werfet ûf die stuben, so ist es kuele, daz der wint an diu kint sanfte waeje durch diu übermüeder."

Tafel 5

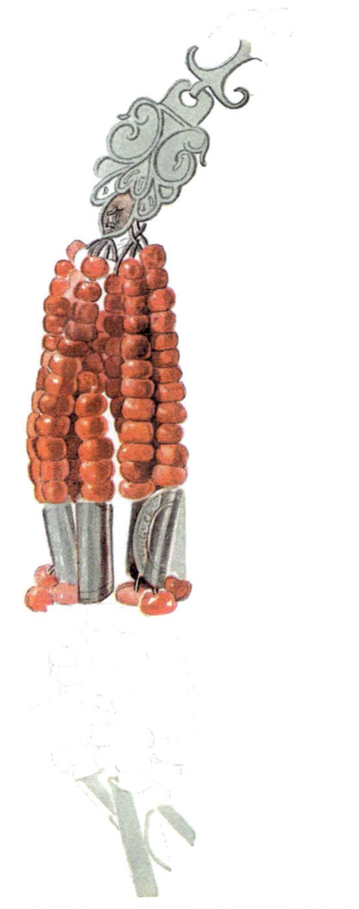

1. Mahlschatz: Halskette aus zusammengedrückten Mariengroschen und Korallen (etwas verkleinert)

2. Rockenhalter (verkleinert)

Abb. 5. Tanzhemd aus Rödichen bei Waltershausen

2. Daß **Beinkleider** zum Bestand der Thüringer Frauentracht gehört hätten, ist nirgends bekannt. Auch in alter Zeit scheint die Sitte, Beinkleider zu tragen, wenigstens in Deutschland nicht bestanden zu haben. Infolge des rauhen Klimas waren dagegen die Frauen Skandinaviens genötigt, eine Art „Bruch" zu tragen (Heyne, a. a. O. 315).

3. **Das Mieder**[1]). Zwischen Hemd und Rock liegt das Mieder (mhd. muoder), eine Art kurzen, nur knapp bis zum Gürtel reichenden Hemdes mit weiten Ärmeln, die aber bis zum Ellbogen hinauf in Querfalten gestreifelt wurden, daher „Streifelmieder". Dieses Mieder mit der ursprünglichen Bedeutung von „Leib", „Leibchen", tritt schon im frühen Mittelalter auf, gehört also zu unseren ältesten Gewandstücken. Es wurde über das ärmellose Achselhemd gezogen und bedurfte zur Ergänzung stets des zweiten Mieders, des **Schnürmieders**. Dies war aus schwarzem oder farbigem Wollstoff, wohl auch aus Samt, Seide oder Brokat mit mannigfachster, für jede Landschaft bezeichnender Stickerei und Ausstattung geziert. Das Schnürmieder glich einem ärmellosen kurzen Leibchen, das vorne durch Ketten oder Schnuren **geschnürt** oder mit Nesteln zugeknöpft wurde. Mit einem dicken, mit Werg oder Lappen ausgestopften Wulst ist das Schnürmieder am unteren Rand eingefaßt. Dieser unschöne Ring dient den schweren Faltenröcken als Halt und Stütze.

[1]) Vgl. „W".

4. Jacke[1]), Kamisol, Leibchen, Mieder. Als man das ursprünglich zusammenhängende, nur durch einen Gürtel gegliederte weibliche Obergewand in zwei Teile quer trennte, entstanden Rock und Jacke, Kamisol, Leibchen, Mieder. Letzteres haben wir als Unter- und Schnürmieder schon kennengelernt.

Die Jacke (Spenser im Werratal und auf dem Eichsfeld) ist das Kleidungsstück für den Rumpf, mit Ärmeln und oben geschlossen. Ohne Ärmel, bis zum Hals reichend, heißt es: Leibchen oder Brüstling[1]); mit Ausschnitt und Ärmeln, vorn zugehakt: Kamisol. Dieses Rumpfgewand war anfangs nur aus einem Rückenteil und zwei Brustteilen zusammengesetzt.

Abb. 6. Grabstein von 1748 (Rokokozeit) in Gräfentonna (aus Lehfeldt, Bau- und Kunstdenkmäler Thüringens, Heft X, Jena 1891)

Der Ausschnitt des Mieders wurde durch ein einfaches oder farbenprächtiges Busentuch ausgefüllt. Diese „Brustlappen" bildeten einen außerordentlich wirkungsvollen Schmuck der Volkstracht. Jede einzelne Gegend hatte ihre besondere Liebhaberei in Farbenauswahl und Stickerei. Hervorragend in der leuchtenden Farbenpracht sind die fränkischen Brustlappen (Eisfeld).

Das Koller oder Goller war ein fest mit dem Leibchen verbundener Schulterkragen, der auch die oberen Teile von Brust und Rücken bedeckte und entweder ganz oder nur zum Teil geschlossen wurde. So ersetzte das Koller öfters das Busentuch und nach ihm, dem Koller, wurde das ganze Leibchen vielerorts selbst „Koller" genannt (vgl. Tafel 4, Abb. 1).

Im allgemeinen war das Leibchen am unteren Rande stets gerade geschnitten, nur die Rokokozeit (und die Biedermeierzeit in der Mitte des vorigen Jahrhunderts) brachte, bei ersterer mit der spanischen Mode, die spitze lange Schneppe, die auch in die Festtracht der Dorfschönen ihren Einzug hielt (vgl. die Tracht von Vogelsberg, S. 107).

Offene Jäckchen, im 17. und 18. Jahrhundert in ganz Deutschland getragen, waren, wie das kleidsame Brautheid aus Tabarz (Tafel 1) beweist, noch zu Anfang des 19. Jahrhunderts in Thüringen beliebt.

Als urkundlicher Beleg für die dörfliche Frauentracht um die Mitte des 18. Jahrhunderts (1748) ist der Grabstein eines jungen Mädchens aus Gräfentonna (nordöstlich von Gotha) zu bewerten: Mieder mit spitzenbesetzten Bauschärmeln, Leibchen, Faltenrock, enganschließendes Häubchen mit Bandschmuck, und Absatzstiefel (Abb. 6).

Aus etwas früherer Zeit (1722) stammt der Grabstein einer jungen Frau vom Friedhof von Seebergen bei Gotha. Nur der Oberkörper ist abgebildet. Über das Schnürmieder hat die Bäuerin ein vorn offenes Leibchen gezogen, mit halblangen, weiten Ärmeln, die am Ellbogen umgekrempelt und mit einer breiten Spitze verziert sind. Um den spitzen Halsausschnitt liegt ein vorn zusammengeknotetes Tüchlein (Abb. 7).

[1]) Vgl. „W".

5. Der Rock. Das Gewandstück, das wir unter dem Namen „Bauernrock“ verstehen, entweder mit dem Leibchen verbunden (oberes Schwarzatal, Wurzbach) oder getrennt übergeworfen, tritt zuerst im Anfang des 16. Jahrhunderts in Bürgerkreisen auf. Gegen Ende des Jahrhunderts hat die Landbevölkerung den Faltenrock aufgenommen und nicht wieder aufgegeben, solange die alte Tracht überhaupt in Gebrauch war. Das Bezeichnende an diesem kreisrund zusammengesetzten Gewand war die stark Fältelung. Die Stoffbahnen wurden oben zusammengezogen oder -gelegt, zuweilen noch einmal inmitten des Rockes zusammengeheftet, damit die Riefeln besser standhielten. Stoff, Ausstattung, Länge und Farbe des Rockes waren, wie in den einzelnen Kapiteln näher ausgeführt wird, außerordentlich verschieden, je nach Geschmack, Moderichtung, Vermögenslage, der Gegend und der Zeit.

Abb. 7. Grabstein aus Seebergen, erste Hälfte des 18. Jahrhunderts

Auf der Vorderseite ist der Rock gewöhnlich nicht gefältelt, und aus Sparsamkeitsgründen stellte man diese Seite sogar häufig aus wohlfeilem Zeug her; sie wurde ja auch von der weiten Schürze reichlich verdeckt.

6. Die Schürze. Seit ihrem ersten Auftreten (im 16. Jahrhundert) ist sie, wie Hottenroth hervorhebt, ebensosehr ein Putzstück wie ein Schutzstück gewesen. Anfangs glich sie einem ärmellosen, faltenreichen, am Gürtel gebauschten Rock, der auf den Achseln durch Bänder zusammengehalten wurde.

Wie noch heute auf dem Land, sind schon in alter Zeit bei den städtischen Patrizierinnen die Schürzen Feststaat gewesen, mit reicher Stickerei und zum Teil aus kostbaren Stoffen gefertigt.

Die wichtigste Aufgabe der vorgebundenen Schürze war, den Rock vor Abnutzung und Verunreinigung zu schützen. Von den einfachen Haus- und Arbeitsschürzen aus blauer Leinwand oder Baumwolle bis zu den kostbaren Prunkstücken aus schwerer, blumendurchwirkter Seide mit breiter, faltiger Frisur und flatternden Seidenbändern — welche Verschiedenheit an Ausstattung und sinnreicher Abstufung! Hier müssen wir auch der duftigen weißen Abendmahlschürze gedenken, die mit den übrigen Trachtenstücken Reinheit und innigen Ernst der heiligen Handlung darstellte (vgl. Tafel 12, Abb. 2 und Textabb. 19).

7. Der Mantel. Männer- und Frauenmantel unterschieden sich im Mittelalter kaum voneinander. Auch im 16. Jahrhundert ist der Dachkragenmantel (s. die Männertracht) von beiden Geschlechtern getragen worden. Ein echtes Frauenschutzgewand aber war der bis in unsere Tage durch ganz Thüringen verbreitete Kinder- oder Kirchenmantel.

Schon im 16. Jahrhundert ist dieses unverwüstliche Stück in Gebrauch gewesen. Sigmundt Heldts „Abkonterfaittung allerlei Ordenspersonen“ (Bilderhandschrift 1560—1580, Nürnberg; Bibliothek Lipperheide) enthält auf S. 246 a eine Frau, die ein Kind „eingehockt“ hat in einen grünen, faltigen Mantel mit langem Überkragen und Steh-Halsbund. Die Unterschrift lautet: „Also tregt man die Kinder in Gandersheim zur Tauf.“ Hier haben wir das Urbild unseres Kindermantels! Durch das ganze Gebiet, vom Harz bis zur Rhön, ist dieses äußerst praktische Kleidungsstück bis heutzutage in Stadt und Land in Gebrauch als Kirchenmantel, Schutzhülle beim Regen und vor allem zum Kindertragen, wie vor 400 Jahren. Der Thüringer Kindermantel wird infolge seiner vielseitigen Verwendbarkeit zu den zähesten Trachtenstücken in Deutschland gehören.

Von ähnlicher Form wie der Kindermantel, aber aus wertvollerem Stoff (Tuch) gearbeitet, mit langem befransten Überkragen und breitem samtenen Schulterkragen, ist eine andere Schutzhülle, die längs der Waldsaumstraße und im „Land“ stark verbreitet war, vielfach „Spanischer Mantel“ genannt wurde, aber im Aussehen und in der Machart völlig von dem malerischen Dachmantel abwich (vgl. Tafel 15, Abb. 1 und Textabb. 25 und 67).

Die letzten Reste altthüringer Trachtenmäntel kann man am besten noch in einem Leichenzug in Walddörfern beobachten. Freilich sind die meisten Stücke während und nach der Kriegszeit zu Röcken und anderen Kleidungsstücken verarbeitet worden.

In den früheren Tagen der Armut in den Waldgegenden ist als Schutz gegen böses Wetter das leinene Regentuch benutzt worden. Die Frauen nahmen es bei Wegen über Land zusammengerollt unter dem Arm oder im Tragkorb mit.

8. Die Fußbekleidung. Auch die Fußbekleidung der Frauen ist, abgesehen von der größeren Zierlichkeit, kaum von der der Männer verschieden gewesen. Barfuß sind die ärmeren Land- und Stadtfrauen sommersüber meistens gegangen bis in neuere Zeit. Bei Matsch- und starkem Schmutzwetter schlüpfte man in die gewiß seit uralter Zeit gebräuchlichen Holzschuhe.

Zum Wandern über den Wald hatten die „Hessenweiber“ aus dem Hennebergischen und Schmalkaldischen, die Beeren, „Hiften“ (Hagebutten) u. ä. in die Orte auf der Nordseite des Waldes brachten, äußerst praktische Socken aus starker Wolle mit Filzsohle.

Sehr anmutig kleideten die ausgeschnittenen Tanzschuhe („Kommoden“). Als Nachklang aus der Rokokozeit hatten diese „Stöckelschuhe“ vielfach hohe, weit nach der Mitte der Sohle zu geschobene Absätze.

Die ältesten, aus dem 13. Jahrhundert nachweisbaren Strümpfe waren aus leinenem oder wollenem Stoff zusammengenäht. Zum Stricken verwendete man später natürlich selbstgesponnene Wolle. Großen Wert legte man auf eine hübsche Ausstattung. Sehr kunstvolle Muster benutzten die fleißigen Stickerinnen für die Zwickel, wie auch für Länge und Fuß. Man wandte abstechende Farben an und gestaltete so die Fußbekleidung zu einem kleinen Kunstwerk (Tafel 7, Abb. 1). Um die Wende des 19. Jahrhunderts waren feuerrote Strümpfe in den Waldorten besonders beliebt.

9. Kopfhüllen und -schmuck. Unendlich mannigfaltig waren seit mittelalterlicher Zeit Schmuck und Hüllen des Frauen- und Mädchenkopfes.

Die Sitte, Haupt und Haar zu verhüllen, geht höchstwahrscheinlich durch kirchliche Übermittlung auf die Vorschrift des Apostels Paulus zurück, die er I. Korr. 11, V. 5 u. 6 erteilt und die dann von der Kirche aufgenommen und bestätigt wurde: „Ein Weib, das da betet und weissaget mit unbedecktem Haupt, die schändet ihr Haupt, denn es ist ebensoviel, als wäre sie beschoren. Will sie sich nicht bedecken, so schneide man ihr auch das Haar ab. Nun es aber übel steht, daß ein Weib verschnittene Haare habe oder beschoren sei, so laßt sie das Haupt bedecken."

Abb. 8. Totenkrone aus Ilm bei Leutenberg

Vor allem waren natürlich die geistlichen Frauen, die Nonnen, verpflichtet, Schleier und Haube zu tragen. Aber auch das Mädchen, das durch die Ehe in die Vormundschaft des Mannes trat, mußte diese Abhängigkeit äußerlich kundgeben durch das Binden des Hauptes. Unter „Gebende" verstand man sowohl das durch Bänder befestigte Tuch, das so faltig gelegt werden mußte, daß man es vom Haar aus auch verhüllend über Kinn, Mund und Stirn ziehen konnte, wie auch ein schmückendes, durch das Haar geflochtenes Band.

Das „Gebende" gehörte mit zur „Gerade", dem gesetzlichen Erbteil der Frau (nach einem polizeilichen Ausschreiben zwischen 1668 und 1670; Rudolphi, Goth. Dipl. IV, S. 256).

Es war ehemals ein Vorrecht der Jungfrau, das Haar frei, lose oder zu Zöpfen geflochten zu tragen. Am Hochzeitstag erst kam sie „unter die Haube". Ausnahmen zu dieser Sitte in der Volkstracht der neueren Zeit gibt es freilich genug; Text und Bilder werden darüber berichten.

Die wichtigsten, für unser Gebiet in Frage kommenden Kopfhüllen mögen hier kurz besprochen werden.

Das anmutige Schapel[1]), ein Kranz aus natürlichen oder künstlichen Blumen, auch ein Stirnreif von edlem Metall ist sicherlich als Festschmuck auch in Thüringen von Mädchen und Burschen, wie sonst in ganz Deutschland, getragen worden. Der Name „Schapel" ist freilich nirgends mehr bekannt, aber in den so mannigfaltigen, buntglitzernden Braut-, Jungfern- und Patenkronen hat sich der sinnige Brauch erhalten. Selbst die tote Jungfrau wurde mit der Blumenkrone auf dem Sarge ausgezeichnet, zum Ersatz für das entbehrte Brautkränzlein (Abb. 8; vgl. Metzels, Saalfeld, Suhl).

[1]) Walter von der Vogelweide: „dâ wir schapel brachen ê, da lit nu rife und ouch der snê. Vgl. auch „W".

In anderen deutschen Landschaften (z. B. im Badenschen und in Hessen) ist das Schapel als Jungfernkrone und „schapeln" für das Aufsetzen derselben noch bekannt.

In manchen Thüringer Dörfern (z. B. in Goldbach bei Gotha) wurde in der Kirche eine Brautkrone bewahrt als eine Art Ehrenschmuck für die vor den Altar tretende Jungfrau. Daß bräutliche Ehrenkränze schon im 16. Jahrhundert gebräuchlich waren, beweist eine Aktenbemerkung von 1573 (Akten, Nachrichten über die Familie v. Hopfgarten betr., 1508—1576. St. Arch. Gotha, L. b. Nr. I): „... nachdem vor wenig tagen einer unserer unterthanen zu Weingareten einen ehrenkranz hat holen lassen, do dann wegen dieser ehegelobnis und erworbenen ehrenkranzes die freundschaft (Verwandtschaft) zusammenkommen und sich also mit froligkeit erkennen wollen ..."

Wohl die älteste und kostbarste aller erhaltenen mitteldeutschen Brautkronen ist die in einer Mauernische entdeckte Halloren-Brautkrone. Sie ist genau so gebaut wie die neueren Thüringer Bänder- und Flitterheide, d. h. aus übereinander angeordneten, sich nach oben verjüngenden Reifen, die aber nicht Flitter und Blümchen tragen, sondern Sträußchen aus echten Perlen. Dieses durch Altertums- wie Geldwert unschätzbare Stück wird im städtischen Museum (der Moritzburg) in Halle aufbewahrt (Abb. 9).

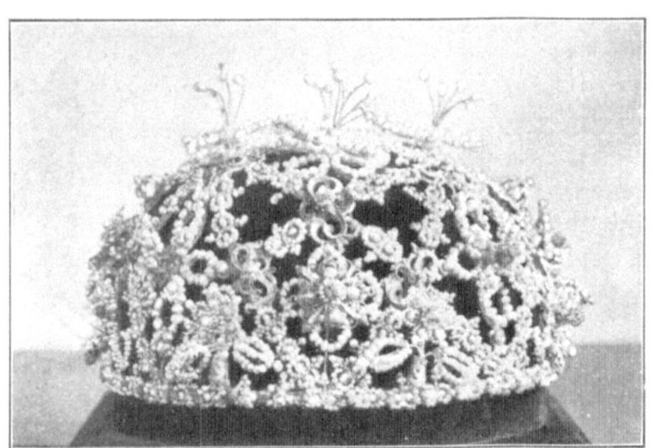

Abb. 9. Brautkrone der Hallorinnen

Die Thüringer Brautkrone, dieser auf das Schapel zurückgehende jungfräuliche Blumenschmuck, bestand der Hauptsache nach aus hochrotem, in Quetschfalten gelegtem Band („Schnur") und hieß daher „Bänner"- („Bänger") oder „Schnür-heid". Der „Goldene Kranz", das eigentliche Krönchen, das an vielen Orten nur zum ersten Aufgebot angetan wurde, war zusammengesetzt aus Sträußchen (Bukettchen, „Paketerchen") von künstlichen Blumen, Glasperlen und Flittern, daher „Flitterheid". Bei der Trauung ersetzte der Rosmarin- (später Myrthen-) Kranz, mit Silberperlen durchflochten, meistens den Goldenen Kranz. Als Ehrenzeichen der „Selbstbräute" (Jungfrauen) trug dieser Hochzeitsschmuck auch den Namen „Jungfernheid" (Tafel 4, Abb. 2).

In manchen Gegenden wurden die Blumen der Brautkrone um die Brauthaube gelegt (Schönstedt, Mihla; Tafel 6, Abb. 1), die kostbar mit schweren Seidenbändern und Spitzen ausgestattet und oftmals aus Gold- oder Silberbrokat hergestellt war (vgl. Schönstedt, Windeberg, Schmalkalden). Der Brauthut des alten Suhl war wie ein breiter Reif oder Ring geformt, am unteren Rand mit breitem Silberstreif, darüber hochrotes Seidenband, gekrönt vom Flitterheid.

Der Schleier, ein Tuch von zartem, luftigem Gewebe, das zum Verhüllen des Hauptes diente und meist über die Haube gebunden wurde, wird 1483 in einer „Policey-Ordnung Churfürsts Ernst und Herzogs Albrecht" erwähnt. Es heißt da, daß „die frawen, jungfrawen und Mayde, die in den mergklichen stettin dienen, zu sleyern und sust keine leinwat, denn einlendische [benutzen sollen]; sie mugen sich halten, als der gemeinen burger frauen ..." (Rudolphi, a. a. O., V, S. 239ff.)

Schleierartige Hüllen zur Trauergewandung haben sich auf dem Eichsfeld und im Ringgau bis auf unsere Tage erhalten, ähnliche zur Abendmahlstracht als „Ziehhube" und „Schlörle" im Werratal.

Da im Haupttext dieses Buches die verschiedenen, jeder Gegend eigentümlichen Kopftrachten besprochen werden sollen, will ich hier nur die Hauptformen der weiblichen Kopfbedeckungen erwähnen.

I. Von den eigentlichen Hauben (mhd. hube) sind vier Formen hervorzuheben.

1. Die breit-niedrige Thüringer Kirchenmütze. Sie ist napfförmig gestaltet mit kurzen Zwickeln an den Seiten und einer stumpfen oder spitzen Schneppe über der Stirn (Abb. 26). Verbreitet war diese Haube auf der ganzen Nordseite des Waldes und der Gegend um Breitungen, Brotterode, Kl. Schmalkalden, dem Trusental, ebenso in den ehemals gothaischen Exklaven Neukirchen und Körner. Eine prunkvolle Abart dieser Haube ist die „Weimarische Mütze".

2. Die zweite Form ist tütenförmig und mehr oder weniger spitz. Das Mützenstück liegt entweder tief in der Tüte (Eichsfeld, Windeberg, Deesbach, Hildburghausen) oder es bildet den gewölbten Rücken der Haube, wie in den Dörfern längs der oberen Werra, um Schleusingen (Gethles) und Möhra.

3. Die dritte Form war in Mihla und Umgegend zu Hause. Sowohl die Trauer- wie die Brauthaube dieser Form zeigen den runden Kopf, die spitze Stirnschneppe. Höchst auffallend sind die über den Schläfen im Bogen zurückschweifenden Ausbuchtungen (Abb. 61 und 62). Möglicherweise hat diese Form ihr Vorbild gehabt in einer Haube, die in der zweiten Hälfte des 16. Jahrhunderts in Bürgerkreisen getragen wurde (vgl. Hottenroth a. a. O. I, S. 56, Abb. 27, 2).

4. Der Hader endlich, jenes ballonförmig aufgebauschte Kopftuch, das die Frau um Steinbach v. d. W., Tettau usw. anlegte, ähnelte den hochgetürmten Kopfhüllen, die in der ersten Hälfte des 16. Jahrhunderts in Nürnberg Mode waren (Hottenroth I, Taf. 29).

Den Kopf eng, wie eine Kindermütze, umschließend ist eine andere Haubenform, die sowohl im Ringgau wie um Jena (hier als Brautmütze, Beispiel im städtischen Museum) auftritt. Um Netra (Ringgau) heißt sie bezeichnend „Säumagen" oder „Kachelbätzel" (Abb. 53).

II. Der Hut ist in Thüringen (mit einer Ausnahme) nie Volkstracht gewesen. Diese einzige Ausnahme[1]) bezieht sich auf die den ganzen Hinterkopf umschließende und das Gesicht beschattende Schute („Gäulskopf", „Pferdskopf") im Werratal. Sie war in den 30er Jahren des 19. Jahrhunderts, aus feinem Strohgeflecht, Seide, feinem Wollstoff hergestellt, Modetracht in vornehmen und Bürgerkreisen. Sehr schöne Beispiele dieses kleidsamen Kopfschutzes besitzt z. B. das Henneberger Museum auf der Wilhelmsburg in Schmalkalden.

Infolge ihrer außerordentlich praktischen, das Antlitz schützenden Gestalt verbreitete sich diese Hutform bald über ganz Mitteldeutschland (Braunschweig, Thüringen), auch

[1]) Doch wird in „W." ein „rauher frauenhuet" erwähnt.

Hannover und Mecklenburg. Sowohl bei der Feldarbeit mit einfachstem Aufputz, wie anmutig bänder- und blumengeschmückt als Kirchenhut, sah man allerwegens die „Kiepe". Besonders hübsch entwickelt tritt sie im Werratal auf (Abb. 37).

III. Der Kopflappen. Über alle Thüringer Walddörfer, aber auch weit nach dem „Land" hinein und nach „Franken" hinüber verbreitet ist der „Kopf- oder Heidlappen" (Abb. 24 und 41). Jedes Dorf hatte seine besondere Art, ihn zu schlingen, stets aber wurde er turbanartig umgelegt. Charakteristisch war die Art des Umlegens besonders in Ruhla (mit dem herabhängenden Zipfel hinterm Ohr) und in den „Hessendörfern" auf der Südseite. Jedes „Hessenwieb" ist schon von weitem zu erkennen am hochgebundenen Kopftuch. Ganz schmal war dagegen der „Huller", der Kopflappen der Vogteidörfer südlich von Mühlhausen.

In Webart, Stickerei und Farbenschmelz gibt es wahre Kunstwerke unter diesen Heidlappen (Abb. 10).

So kleidsam der größte Teil der Kopftrachten auch sein mag — den schönsten, den natürlichen Schmuck des Frauenkopfes haben die Hauben und Mützen doch unterdrückt, ja zeitweise vernichtet: das Haar. Nicht die prunkvollste Betzel, der bunteste Heidlappen kann die Anmut der blonden und dunkeln Zöpfe ersetzen. Wurden doch an vielen Orten den Mädchen die Haare völlig abgeschoren, um die Haube oder die Binde besser befestigen zu können. Das Zusammendrücken des Schädels und das Umhüllen des Kopfes mit der unmäßig wärmenden Haube und dem dicken wollenen Kopftuch mußte einen höchst schädlichen Einfluß auf den Haarwuchs ausüben und hat in unseren Tagen auch mit dazu geführt, das Kopftuch abzuschaffen, besonders auf Anregung der Schule.

Die Mißachtung des Frauenhaars auf dem Lande machten sich die gewerbsmäßigen „Haarkünstler" der Städte zunutze. Sie besuchten regelmäßig die Dörfer und kauften in manchen Gegenden, z. B. im Schwarzatal, die stattlichen Mädchen- und Frauenzöpfe auf.

Das ursprüngliche Recht der germanischen Frau war es, ihr Haar frei hängend und offen zu tragen, und erst der Kirchenzwang hat ihr das verhüllende Gebende aufgedrängt. Im 15. Jahrhundert wurde es wieder Sitte, das Haar zu zeigen. K. Stolle (a.a.O.471) schreibt von 1414: „dy meyde trugen ore czopphe hinden nider hangen und weningk czopphbender . . ." Die „Zopfbänder", d. h. die Sitte, durch Einflechten von seidenumwickelten Rollen die Zöpfe zu unnatürlichem Umfang zu verstärken, wurde im 18. Jahrhundert desto eifriger angewandt.

Über die kunstvolle Haartracht der Bräute vgl. z. B. Brotterode.

Der Handschuh. Zum Schutz gegen die Winterkälte ist gewiß auch von den Frauen schon in sehr alter Zeit Pelz und selbstgesponnene Wolle zur Bekleidung der Hände verarbeitet worden, zunächst als Fäustling.

Aber auch zum Schmuck, zur Ergänzung der Festgewandung wurde der Handschuh den modischen Damen abgeguckt, mit Geschmack und Verständnis der ländlichen Kleidung angepaßt und einverleibt. Wie prächtig stimmen die blausamtenen, goldgestickten, pelzbesetzten „Muffe" des alttabarzer „Brautheids" und die weißbaumwollenen, langärmeligen Halbhandschuhe des „Kirmseheids" zu den anmutigen Festgewändern (Tafel 1; vgl. auch Schwarzburg-Sondershausen).

1. Kirchgängerin aus Friedrichroda mit „Stirnkappe“

2. Braut mit Bängerheid und spanischem Mantel (Friedrichroda)

Nach Lithographien von C. Hellfarth

Handschuhe scheinen überhaupt in manchen Gegenden ein fester Bestandteil der Brauttracht gewesen zu sein. So trugen die Bräute in Tiefenort und Umgegend „Bälzhendsch" aus schwarzem Samt mit Stickerei aus Metallplättchen; oben und unten war ein Pelzstreifen von Iltis- oder Marderfell angefügt.

6. Die Stickerei

Die soeben besprochenen Teile der Frauenkleidung, besonders die Hauben, zum Teil auch die Heidlappen, Mieder und Bruststücke erhielten ihren Hauptreiz durch die edle Stickkunst. Nicht nur in den vornehmen Kreisen war diese anmutige Kunst zu Hause. Wohl jede Gemeinde hatte ihre „Nähtersche", eine Frau oder ein Mädchen, die den Stickrahmen geschickt zu handhaben wußte. Hunderte von Hauben und Mützenstückchen habe ich in Händen gehabt, und nicht ein Entwurf glich dem anderen an Ornament und Farbengebung. Es ist nicht genug zu bewundern, welchen Phantasiereichtum diese Dorfkünstlerinnen entwickelten. Selbst die schlichtesten Motive auf den ärmlichsten Dorfmützchen, z. B. den „Kaffeehäuble" der Weiber der armen Bergarbeiter in Goldlauter, haben ihren Reiz, ihre stille Vornehmheit durch die kleinen stilisierten Kreuzstichblümchen auf dem Mützenläpple.

Abb. 10. Ecke eines Kopflappens aus Leina (südlich von Gotha). Baumwolle, Grund dunkelviolett, Blumenmuster silberweiß

Unendlich mannigfaltig ist die Technik, die zur Anwendung kam. Die wichtigsten in Webstoff und Stickfaden verschiedenen Ausführungen will ich hier kurz besprechen.

Auf Leinwand, die oft doppelt gelegt, wohl auch noch mit dünnem Futterstoff unterlegt und so durchsteppt wurde, verwandte man mit Vorliebe den Kreuzstich zu stilisierten Blümchen und Blättern auf den Mützenstückchen und etwaigen Wangenteilen (vgl. den „Säumagen" im Ringgau, Abb. 53). Als Vorlage diente immer wieder von der Urgroßmutter auf die Urenkelin vererbt, das Modeltuch, mit den steifen und doch so sinnvollen und anmutigen Motiven, meist aus Nürnberger Siebmacherschen Modelbüchern des 16. Jahrhunderts zusammengestellt. Beispiele: Hauben in Klein-Schmakalden und im Ringgau; Borten in schwarzer Seide auf Miederärmeln und Halsbündchen im Werratal.

Die Hauptanwendung fand der Kreuzstich freilich in Verbindung mit allen möglichen anderen Zierstichen (Knötchen-, Fischgräten-, Ketten-, Hochstickerei, Durchbrucharbeit, Filet-Gipüre usw.) beim Besticken von Altarbekleidungen, Prunkhandtüchern, Bettwäsche usw.

Perlenstickereien, seien es ganze Füllungen oder zierlich stilisierte Blümchen und Sträußchen, waren besonders zu Mützenstückchen äußerst beliebt (Beispiel aus Mehlis: Tafel 7, Abb. 2). Als Unterlage wurde feine dichte Wolle in den Stickrahmen gespannt, doch gibt es auch reichlich Perlenstickereien auf Leinwand. Ein Prachtstück in Entwurf und Farbenreichtum ist das hessische Mieder (Tafel 2).

Ganz eigenartig in leuchtender Farbengebung und plastischer Wirkung sind die Chenillestickereien, von denen wahre Prachtstücke unter den Brauthauben des Werratals zu finden sind.

Abb. 11. Mützenstückchen aus Bischleben. Silber- und Goldarbeit auf Brokat

Wieder eine ganz andere äußerst prächtige Farbenwirkung wird durch die Stickerei mit Metallfäden in Verbindung mit farbigen Glas- und Metallplättchen (Pailletten) oder Cantille- (schlauchartig gedrehte Seiden- und Goldfäden) und Bouillonstickerei (aus gedrehtem Metallahn) erreicht, auf einem Untergrund von Gold- oder Silberbrokat, Samt oder Seide. Um höhere Leuchtkraft zu erzielen, legte man bei der letztgenannten Stickerei dünngeschlagenes Metall in größeren oder kleineren Flächen unter, überstach es lose oder dicht mit Seidenfäden, oder ließ es, wo nötig, ganz frei schimmern. Beispiele: Tabarzer Schnürmieder; Hauben aus dem Vogtland.

Jedes Zeitalter bevorzugte besondere kirchliche und weltliche Stickereimotive, die zwar vielfach in die folgenden Perioden hinübergenommen wurden, aber in der Stilisierung sich wandelten. Dauernd erhielten sich natürlich die kirchlichen Sinnbilder: Kreuz, Anker, Krone, Fisch, Hirsch, Einhorn, Pelikan, vor allem auch das Lamm, aus dessen Brust der Blutstrahl in den Kelch springt. Diese religiösen Motive sind auch vielfach auf Kirchenhauben (Haselbach, Gethles) und bei häuslichen Gebrauchsgegenständen, wie Hand- und Bettüchern, verwendet worden.

Die ältesten, durch das ganze Mittelalter beliebten und bis in die Neuzeit benutzten Pflanzen- und Tiermotive (Löwe, Drache, Einhorn; Pinie, Granatapfel) überlieferte uns der Orient. Besonders zu Weißstickereien und Netzarbeit sind diese Vorlagen auch in der weltlichen Volkskunst noch im 16. und 17. Jahrhundert reichlich verwendet worden. Echt deutsche Blumen: Heiderose, Apfelblüte, Nelke traten im Mittelalter dazu; an Stelle des Granatapfels die Nelke (Abb. 11).

7. Der Schmuck

Das Streben, den Leib durch bunte und kostbare Zier zu verschönen, ist wohl so alt wie die Menschheit selbst. Perlen aller Art (aus Bernstein, Marmor, Braunkohle, Schiefer, Muscheln, Zähnen und Knochen), Hals- und Armringe finden sich schon in den Gräbern der jüngeren Steinzeit (Götze a. a. O. XVI ff.); Metallschmuck: Fibeln, Arm-, Hals- und Ohrringe sind bezeichnend für die späteren Kulturperioden. Äußerst kunstvolle Schmuckgegenstände haben sich in den Totenfeldern aus der Bronze-, La Tène-, Völkerwanderungs- und Merowingerzeit erhalten.

Einen vollgültigen Beweis für die hochentwickelte thüringische Goldschmiedekunst schon in den ersten Jahrhunderten unserer Zeitrechnung (4. Jahrhundert n. Chr.) erbrachte der Inhalt des Grabes einer Thüringer Fürstin, das 1913 bei Haßleben (nördlich von Erfurt) durch A. Möller, Kustos des städtischen Museums zu Weimar, bloßgelegt wurde (Abb. und Besprechung im Thür. Kalender 1915, S. 38 f.). Der völlig unversehrt in einem Glaskasten aufgebaute Grabinhalt bildet eine Hauptsehenswürdigkeit des städtischen Museums in Weimar.

Material wie Technik dieser vielhundertjährigen Kunst, die damals hauptsächlich im Dienst der Fürsten und Edeln stand, hat sich später auch als Volkskunst in Thüringen bis auf unsere Tage erhalten. Gold, Silber, Bernstein, Glas — dies waren die edeln Stoffe, aus denen die Künstler der hochgeachteten Goldschmiedezunft ihre kostbaren Werke schufen. Und auch in Thüringen, wie sonst um den ganzen, der Kultur und Kunst zugänglichen Erdball ist das Filigran als Grundlage oder wenigstens als Umrahmung angewandt.

Abb. 12. „Korallen“-kette (silberne Perlen mit Anhänger)

Natürlich haben Stil- und Geschmacksänderung der Jahrhunderte, wie auch einzelne Stammes- und örtliche Beeinflussungen mannigfache Verschiedenheiten und Eigentümlichkeiten bewirkt; aber immer wieder sind die zierlichen „Gehänge“ und Schaumünzen des Mahlschatzes umrandet von dem uralten „Korn“motiv. Weit berühmt war die „Ausgegrabene Körnerkette“, die zum Brotteröder Brautschmuck gehörte (vgl. Brotterode in Kap. II, Waldsaumstraße). Einige besonders eigenartige Bauernschmuckstücke bringen die Abbildungen: Abb. 12 eine „Korallen“[1])halskette aus großen silbernen Perlen mit „Anhänger“, Tafel 3, Abb. 1 eine Kette aus zusammengedrückten Mariengroschen und Korallen und Abb. 13 anderen Thüringer Schmuck, der sich großenteils im Besitz des Thüringer Museums in Eisenach befand (1921 entwendet).

Wohl jedes einigermaßen wohlhabende Bauernhaus besaß einen wohlgehüteten Familienschmuck: eine silberne oder goldene Halskette mit Schaumünzen als An-

[1]) Vgl. „W.“

hängern, Haarpfeile mit Blumen- und Tiermotiven, einzelne Fingerringe. Letztere sind allerdings selten aus echtem Material, so prunkvoll sie auch auftreten; die zierlich gefaßten Glasstückchen, rosettenartig um den stolz hervortretenden Mittelpunkt geschart, sollen natürlich echte Edelsteine darstellen mit allen ihren geheimnisvollen Zauberkräften (vgl. M. Heyne a. a. O. III, 351 f.). Auch die Mützenstückchen wurden, besonders in katholischen Gegenden, vielfach mit bunten, mit Gold- oder Silberschnürchen umrandeten (gefaßten) Glasstückchen ausgestattet.

Auf der Südseite des Gebirges, da, wo die Glasmacherei schon in alten Zeiten aufkam, sind die Glasperlen massenhaft verfertigt und zu Halsketten zusammen-

Abb. 13. Mahlschatz

gesetzt worden. Diese Ketten heißen entweder „Korallen" (wohl nach dem in früheren Zeiten verwandten Perlenmaterial) oder „Nünster" und „Noster", letzterer Name wurde sicher von den Rosenkranzperlen, den Paternostern übernommen.

Im Werraknie, zwischen Salzungen, Heringen, Marksuhl und Lauchröden, bestand die Noster aus zusammengedrückten Mariengroschen (Tafel 3, Abb. 1), verbunden durch fünfreihige Ketten von schwarzen Glasperlen. An manchen Orten wandte man die geschmackvolle Zusammenstellung von Schnüren echter Korallen mit gepreßten Mariengroschen an. Längs der Waldsaumstraße sind zu Anfang des vorigen Jahrhunderts die gebogenen Groschen angeschnürt als Halsschmuck getragen worden.

Als Trauerschmuck diente im unteren Werratal (Lauchröden) eine mehrfache Kette von schwarzen Chenillegliederchen. Auch Unbemittelte, die keinen Schmuck aus Edelmetall erschwingen konnten, legten diese schlichte Zier an.

8. Das Sinnbildliche in der Tracht

Gleichwie die Kirche ihre frohen und ernsten Feiern vor aller Augen aufs deutlichste verkündet durch wechselnde Farbengebung der kirchlichen Gewänder, der Ausschmückung von Altar und Kanzel, so hat auch in der Tracht das Volksbewußtsein seinen Ausdruck gesucht zur Kennzeichnung von heiteren und traurigen Lebensschicksalen. Außerordentlich festgewurzelt ist die Sitte, wie Leid und Freude in Farben kundzugeben sind. Dabei ist die Farbensprache in den verschiedenen Volksstämmen keineswegs gleich. Uns soll hier hauptsächlich beschäftigen, mit welchen Farben der Deutsch-Thüringer seine wichtigsten Erlebnisse begleitet und schmückt.

Weiß ist die Farbe der Unschuld und Reinheit. Das schneeweiße Taufkleidchen (mittelhochdeusch westerhemde, westerkleid) wird dem Kind über Kopf und Körper gezogen.

In der feierlichen Gewandung zum „Nachtmahl" (Heil. Abendmahl) nimmt das Weiß einen breiten Raum ein: Schürze und Halstuch waren weiß, vor allem aber wurden breite weiße Spitzen schleierartig in die Vorderseite der Haube genäht. Die Gegend um Steinbach-Hallenberg und der Ringgau kannten die „Oberziehhube", eine duftige weiße Mullhaube, die zum Abendmahl über die schwarze Kirchenhaube gezogen wurde. Ganz die gleiche „Ziehhube" wird im Taunus zum Abendmahl getragen.

In „Weiß" trauern die Wenden in der Lausitz noch heutzutage. Und es ist mindestens auffallend, daß in zwei Thüringer, weit voneinander getrennten Gegenden noch seit Menschengedenken weiße Trauerkleidung von alten Frauen getragen worden ist (Abb. 50). Dennoch hängen möglicherweise die weißen Trauerabzeichen, wenigstens auf dem Eichsfeld, mit alter deutscher Sitte zusammen: nach Hottenroth a. a. O. II, Taf. 9, S. 34, trauerte die Frau im Hessischen in der zweiten Hälfte des 16. Jahrhunderts in Weiß mit einem über der Hube befestigtem mantelartigem Tuch, das auch den Mund verhüllte durch eine von Ohr zu Ohr reichende Binde.

Im allgemeinen wurde durch das düstere, ernste Schwarz die Trauer gekennzeichnet. Aber auch zum besten Festgewand, zu Rock und Jacke des Brautkleides, schrieb die Sitte feines schwarzes Tuch vor.

Durch feuriges Rot kündeten Liebe und Freude sich an. Längs der Waldsaumstraße wie im hessischen Thüringen leuchteten Flitter- und Bängerheid in dieser brennenden Farbe.

Blau galt neben Grau als Kleiderfarbe der „Niedrigen". Um 1300 berichtet Siegfried Helbling aus Österreich: „do man dem lant sin reht maz, man erloubt im (dem Bauern) hûsloden grâ und des vîretages blâ . . ." (Wackernagel a. a. O. 191.)

II. Kapitel

Die Waldsaumstraße

Längs der Nordseite des Thüringer Waldes, gleichlaufend mit dem einst erzreichen Zechsteinband, zieht sich die **Waldsaumstraße** aus der Gegend von Eisenach ostwärts bis in das Ilmenauer Gebiet. Die Bewohner der Ortschaften, die dieser sehr alte Verbindungsweg berührt, einschließlich der Waldsiedelungen südwärts bis zum **Rennsteig** und nordwärts bis etwa zu einer Linie zwischen Haina—Teutleben—Gospiterode—Ohrdruf—Arnstadt, trugen, soweit wir die Entwicklung zurückverfolgen können, dieselbe Gewandung mit kleinen örtlichen Abweichungen und Sonder-Liebhabereien. Wir haben es meistens mit ursprünglich **ärmlichen** Dörfern zu tun. Die Fluren, soweit solche überhaupt vorhanden waren, sind steinig und unfruchtbar; Futterbau herrscht vor. Wohlhabenheit brachte allein das Fuhrmanns- und Vorspannwesen, gleichzeitig mit dem Geschmack am Fremdartigen und Neuen. Sicher läßt sich viel Wechsel in Tracht und Putz zurückführen auf den Einfluß, den die Reisenden — fremde und einheimische — in Kriegs- und Friedenszeiten in diesen „Straßendörfern" ausübten. Manche Walddörfer (Kabarz, Friedrichroda) kamen zu Wohlhabenheit durch den Bergbau; Friedrichroda vor allem durch die Garnbleicherei und den Zwirnhandel seit dem 16. Jahrhundert.

Abb. 14. Männertracht an der Waldsaumstraße

Ein Trachtengebiet für sich bilden die Dörfer in der Umgebung des Inselberges (Tabarz, Kabarz, Fischbach) mit Ruhla und Thal, wozu endlich noch Brotterode gehört (am Südfuß des Inselberges) und die Dörfer des Trusentales. Diese Siedelungen sollen daher gesondert betrachtet werden.

Mit der Schilderung der Tracht der Waldsaumstraße geben wir zugleich die Grundlage für die Trachtenübersicht des ganzen Gebietes (ausgenommen Altenburg), innerhalb dessen die Thüringer Volkskleidung besprochen werden soll. Das Abweichende wie das Gemeinsame in den Gewandstücken der verschiedenen Landschaften soll später gekennzeichnet und hervorgehoben werden; einzelne Wiederholungen sind dabei zur Verdeutlichung nicht zu vermeiden. Die **Blütezeit** der in den folgenden Blättern besprochenen Tracht reicht ungefähr von 1820—1880.

1. Die Männertracht

Die altväterische Kleidung der Männer in den Orten der Waldsaumstraße kann in den meisten Stücken als ausgestorben gelten. Das derbe lange Leinenhemd hatte breiten Umlegekragen und breite Ärmelbündchen.

Im Gebrauch der eigentlichen Bauern ist dagegen noch heute vielfach eines der ältesten Gewandstücke überhaupt: der blaue Kittel. Noch zu Anfang des 19. Jahrhunderts war der weiße Leinwandkittel allgemein im Schwang (Tafel 16, Abb. links), auch die Fuhrleute trugen ihre allbekannte Blaukittel-„Uniform". Breit und bequem lag der Umschlagkragen um den Hals; Achsel- und Ärmelbündchen schmückte man gern mit zierlicher Stickerei. Der meistens aus Eisenach bezogene Festkittel wurde aus hänfenem Stoff gefertigt. Alle diese bequemen „Schliefkleider" waren zwicklig zugeschnitten, fielen also nach dem Knie zu faltig auseinander; daher hießen sie „Girn-(Zwickel-) Kittel".

Abb. 15. Männertracht aus dem 17. Jahrhundert (der Heimbürge Conrad Thiel in Tambach, nach seinem etwa 1605—1610 errichteten Grabstein). Nach „Aus der Heimat", Zeitschrift des Vereins für Gothaische Geschichte, 1902

Als bequeme Haus-, auch wohl Sonntagstracht (je nach dem verarbeiteten Stoff) galt die kurze Kattun-, Druck- oder Tuchjacke mit großen glänzenden Knöpfen.

Die Weste war lang und reichte hoch hinauf. Werktags begnügte man sich mit Westen aus Leinen- oder Baumwollstoff, aber Sonntags wurde die feine Manchester- oder Tuchweste angelegt mit weißen Knöpfen.

Der eigentliche Festanzug zu Hochzeit, Abendmahl, Leichenfeier war der langschößige „Bratenrock[1])" aus schwarzem, braunem, grünem, blauem Tuch, ein sehr wertvolles Stück, das mindestens ein Lebensalter durch ausreichen mußte (Abb. 14). Hauptschmuck waren daran wieder die Knöpfe. Bis in die 60er Jahre ist diese Rockform noch von den Schäfern getragen worden — daher der Name „Schäferrock" —, und noch heute sieht man vereinzelt in nicht zusammengelegten Fluren den schweigsamen Hirten, wie er, mit altväterischem Rock, Kniehosen und Filzhut angetan, die Gemeinde- oder Gutsherde auf der weiten mageren Trift gemächlich vorantreibt.

Enge Kniehosen, die Nachfolger der weiten kurzen Pumphosen des 17. Jahrhunderts (Abb. 15), sind in den Kreisen des Bauernstandes bis in die Neuzeit in Gebrauch gewesen. Alte Leute können sich noch heute nicht von dieser für ländliche Verhältnisse äußerst praktischen und dabei sehr kleidsamen Tracht trennen. Aus derber blauer Leinwand, Beidermann oder Leder waren die Werktagsbeinkleider gearbeitet. Für den Sonn- oder Festtag bewahrte man Hosen aus Tuch, Samt („Manchester") oder feinem Leder auf. Mittels hübsch gestickter Gurte oder Bänder („Knieriemen") befestigte man die Hosen und die langen, meist weißen Zwickelstrümpfe aneinander.

[1]) Auch Schwenker oder Schwalbenstecher genannt.

Abb. 16. Thüringer Fuhrleute im Jahre 1522. (Nach einer Zeichnung von E. Fiedler in Gotha, aus „Thüringen in Wort und Bild", Bd. I, S. 99)

Geringer Unterschied war zwischen der Kopfbedeckung der Bauern und Kleinbürger. Zu allen Jahreszeiten trug man in Haus, Hof und Feld die Zipfel- („Pudel"-) Mütze; sie wurde mit kunstvollen Musterchen und Zwickeln gestrickt, hatte unten einen breiten Umschlag und lief in eine mit einer Quaste geschmückte lange Spitze aus.

Als Kirchenhut, auf der Reise, über Land trug man die malerischen Dreispitze, sehr bezeichnend „Napoleonshüte" benannt. In den Ortschaften der Waldsaumstraße sind diese aus derbstem Filz verfertigten Hüte wohl nirgends über die 50er Jahre hinaus getragen worden. Am längsten hielten sie sich in den versteckten Waldnestern, auch in so konservativen Gemeinden wie Wahlwinkel. Daneben galt der Zylinder („Angströhre", „Schlot") noch als feierliche Tracht zum Abendmahl, bei der „Leiche", der Hochzeit; blumengeschmückt für den Kirmseburschen. Die breitschirmige Mütze liebte der Handwerksbursche und der Bürger der 30er Jahre.

Für die Fuhrmannsdörfer längs und nahe der Straße — Kabarz, Finsterbergen, Ernstroda, vor allem aber Crawinkel und Gossel — ist die Tracht der „Blaukittel" besonders bezeichnend (Abb. 16 und 17). Weit über Thüringens Grenzen hinaus, bis in die alten nord- und ostdeutschen Hansestädte, südwärts nach Franken und zum Rheinstrom dehnten diese unternehmungslustigen Wandervögel ihre Handelsfuhren aus, bis der Pfiff des Dampfrosses diesem „nahrhaften" und abenteuerlichen Erwerbszweig allmählich ein Ziel setzte. Der blaue Fuhrmannskittel war das charakteristische Stück des „Straßenkleides". Bis in die 20er Jahre sind die Kittel großenteils weiß gewesen, angeblich, weil das Färben zu hohe Kosten verursachte (?!). Die Bauernkittel waren am Wald bedeutend länger als im „Land".

Noch eines zweiten, jetzt fast völlig ausgestorbenen Gewerbes müssen wir hier gedenken: des Bergbaues. Längs der ganzen Straße — von Thal bis Elgersburg — blühte bis zum unheilvollen Großen Krieg der Bau auf Eisen- und Kupfererze, an

1. Frau von der Waldsaumstraße

2. Mädchen aus Friedrichroda im Heidlappen mit Zipfeln

Nach Lithographien von C. Hellfarth

einzelnen Stellen auch auf Kobalt. Mit am längsten hat sich die Knappschaft wohl in Friedrichroda erhalten, wo die Mitglieder noch jetzt in ihrer Tracht das Leichenträgeramt ausüben.

Abb. 17. Thüringer Fuhrmann

1813 wird ihre Kleidung in Mosch und Ziller (a. a. O. S.155) geschildert: „Ihre Tracht ist ein schwarzer Grubenkittel mit scharlachroten Aufschlägen und gelben Knöpfen, eine rothe Weste, gelbe Beinkleider, Bergleder und ein dreyeckiger Hut.“

Die Abb. 18 zeigt einen Knappen in Paradeanzug. Der Bergmannskittel aus schwarzem, geringem Wollstoff und gelbem Tressenbesatz hat roten Kragen, rote Brustrabatten und rote Aufschläge; vorn ist er durch Haken geschlossen. Auf den vergoldeten Knöpfen sind Hammer und Schlägel gekreuzt. Schwarze lange Hose; auf der Rückseite das Rutschleder mit Messingschloß, daran hängt ein kleines Grubenlämpchen. Auf dem Kopf hat der Mann den schwarzen Filztschako ohne Schirm, vorn mit schwarzer Bandrosette aus Leder, an der rechten Seite das sächsische Rautenkranzwappen mit Fürstenhut und Lorbeerzweigen, vorn, über der Stirn, den weißen Schwanenfederbusch. In der Hand hält der Bergmann den Paradepickel. — Das Urbild dieses Bergmannskostüms befindet sich im Wachsenburgmuseum; die Beschreibung verdanke ich Herrn Pfarrer Bonsack.

2. Die Frauentracht

1. Das Hemd. Überall ist das Achselhemd („Oasselhem“) in Gebrauch gewesen, wie alle Wäschstücke aus derbem, selbstgesponnenem Leinen gearbeitet; es war mindestens so lang wie der Kleiderrock.

2. Das Mieder. Zweierlei „Mieder“ gehörten zur Thüringer Tracht: das Streifelmieder und das Schnürmieder. Ersteres war stets aus Leinwand hergestellt und wurde als eine Art ganz kurzes Hemd mit Ärmeln über das ärmellose „Achselhemd“ gezogen. In den Orten längs der Straße wurde dieses Kleidungsstück nur mit halblang („wie eine Tulpe“) in die Höhe gestreifelten Ärmeln getragen, daher der Name Streifelmieder. Am Hals schloß man das Mieder vermittels eines Durchziehbändchens; im übrigen war es vorn offen.

Der Wert des Werktagmieders bestand in dem dauerhaften, gleichmäßig gewebten Stoff. Das feinfädige Festmieder war mit kunstvoller Näh- und Durchbrucharbeit geziert. Dabei war das „Kelch"muster besonders beliebt. Farbige Ausstattungen dieses Gewandstückes längs der Straße kenne ich nicht.

Über das weiße Streifelmieder zog man das schwarze oder farbige Schnürmieder, so genannt nach der vorderen Schlußvorrichtung, die wohl auch hier, wie sonst in Thüringen, ursprünglich zum Schnüren durch Ketten oder Bänder eingerichtet war, seit Menschengedenken aber vermittels silberner Schließen und Nesteln bewerkstelligt wurde (Tafel 2 und Tafel 6, Abb. 2).

Abb. 18. Friedrichröder Bergmann

Mit einem dicken, mit Werg oder Lappen ausgestopften Wulst ist das Schnürmieder untenherum eingefaßt. Dieser unschöne Ring dient den dicken schweren Faltenröcken als Halt und Stütze. Als Stoff verwendete man dunkles Tuch, auch wohl Kattun oder gefärbtes Leinen. Die Rödicher Mädchen verfertigten sich Mitte des vorigen Jahrhunderts Mieder aus scharlachrotem Tuch, mit schwarzem Samt eingefaßt, aus den erbetenen Zöglingsfräcken der Erziehungsanstalt Schnepfenthal. Der Putz der dunkeln Mieder bestand aus einer Umrandung des Ärmelausschnittes mit breitem bunten Band, das in der Farbe zum Besatz des Rockes stimmen mußte. Schulter und Halsausschnitt deckte der „Brustlappen" aus weicher Wolle, Halbseide oder Seide, in Farbe und Stoff verschieden je nach Geschmack und Geldvermögen der Besitzerin. Am beliebtesten waren die Blumen- („Rosen"-) Tücher in Lila und Grün (Tafel 6, Abb. 2).

3. Die Jacke. Bis in das 16. Jahrhundert bestand das weibliche Hauptgewand, das hemdenartige Oberkleid, aus einem Stück. Dann erst trennte man Rock und Leibchen. Die Bäuerin trug das Leibchen sommersüber hauptsächlich als Festtracht; im Haus und auf dem Feld war das Mieder praktischer und bequemer.

Die Jacke war kurz und knapp anliegend bis unter die Brust. Längs der Straße wurde das Leibchen meistens bis zum Hals geschlossen mit Hefteln, selten mit Knöpfen. Doch gab es auch Jacken mit herzförmigem Ausschnitt, dieser wurde mit einem farbigen Brustlappen ausgefüllt.

Die Ärmel sind oben weit und faltig („Schinkenärmel") und laufen nach dem Handbündchen eng zu. An der Achsel war vielfach ein kleiner dreieckiger Aufschlag beliebt, der mit drei weißen Porzellan- oder Perlmutterknöpfchen besetzt wurde. Dieselbe Verzierung befand sich auf dem Gürtel am Rücken. Samtband, schwarz oder violett, oder

Gimpen von solcher Farbe wandte man außerdem gern als Besatz bei feiertäglichen feinen Tuchjacken an.

Eine sehr hübsche Tracht sah man um die Mitte des 19. Jahrhunderts in Friedrichroda. Dort trugen die jungen Mädchen zum sonntäglichen Kirchgang ein Leibchen von scharlachrotem Tuch, dessen Ausschnitt mit breitem dunkelgrünen, hellgrün umrandeten Samtkragen umfaßt war; gleicher Samt bildete das Ärmelbündchen, und der Halsausschnitt war wie gewöhnlich durch den Brustlappen bedeckt (Tafel 4, Abb. 1).

Eine andere Jackenmode soll sich gleichfalls zuerst in Friedrichroda ausgebildet haben: ein Schulterkragen von gleichem Stoff wie die Jacke, mit faltiger Frisur umrandet, bedeckte das Leibchen zur Hälfte (Tafel 4, Abb. 2).

4. Der Faltenrock. Farbe und Ausstattung des Kleiderrockes (Tafel 6, Abb. 2) richtete sich nach dem Zweck, dem er dienen sollte. Die Vorderbahn war durchgängig glatt und wurde selten mit Besatz bedacht, da sie völlig von der Schürze verdeckt war. Desto dichter fältelte man die Seiten- und Hinterbahnen. Die Weite betrug etwa 8 m („14 Ellen"). Als Stoff für den Werktag wählte man vielfach selbstgesponnenes, dunkelblau gefärbtes Leinen, auch derben, selbstgesponnenen Wollenstoff.

Feierliches Schwarz bezeichnete überall längs der Straße die tiefe Trauer. Auch zum Abendmahl (Abb. 19) sah man nur schwere schwarze Tuchröcke. Es war Ehrensache für jede, auch die bedürftige Frau, einen solchen Rock zu ernster Feier zu besitzen. Oft war er das Hochzeitsgeschenk des Bräutigams, feierte alle Feste mit und kleidete endlich die Bäuerin im Sarg.

Durchaus farbige Röcke, und zwar in Rot, sind seit Menschengedenken nur zur Kirmse getragen worden. Doch erzählen uns Mosch und Ziller vom Anfang des 19. Jahrhunderts (1813) von einer bunten Tracht. Es waren grüne Röcke, am unteren Rande besetzt mit schmalem einfachen oder doppelten hellblauen Band, oder blaue Röcke, verbrämt mit grünem Band. Diese heiter-freundlich wirkende Tracht wurde noch gehoben durch feuerrote Strümpfe (Tafel 16, Abb. 2).

Die das düstere Schwarz, Dunkelblau oder Grün hebende Farbe beschränkte sich in der letzten Zeit auf das Stoßfutter, dessen grelles Rot gern durch Umschlagen des Rockes gezeigt wurde.

Bezeichnend für die Waldsiedelungen — auch auf der Südseite — ist die lebhaft grüne Borte, das Band oder der breite Vorstoß in derselben Farbe, der oft das untere Drittel des Rockes bedeckte, gewöhnlich aber den Saum finger- bis handbreit leer ließ (Tafel 4, Abb. 2). Die Mode wechselte hier stark hinsichtlich der Breite des grünen Streifens. In Friedrichroda waren bis in die 60er Jahre die „Büffel"röcke (benannt nach einem derben Wollstoff) noch sehr beliebt (Tafel 4, Abb. 2).

Zur Kirmse, auf dem Tanzboden und unter der Linde kamen die Staatsröcke zum Vorschein, mit den buntesten breiten Stößen aus geblümter Seide oder Halbseide. Lila und Rot herrschten vor; den oberen und unteren Abschluß bildeten oft mehr oder weniger breite schwarze Samtstreifen.

Auffallend ist die Verschiedenheit in der Länge der Faltenröcke. Daß dies Kleidungsstück für den Werktags- und Arbeitsgebrauch, im Stall und auf dem Feld möglichst kurz, noch lange nicht bis zum Knöchel reichend, getragen wurde, ergab sich in der Praxis. Auch die Röcke für den Tanzboden und zur Abendmahlsfeier waren völlig fußfrei.

Abb. 19. Abendmahlstrachten (1 Steinbach-Hallenberg, 2 Schmalkalden, 3 oberes Werratal, 4 Waldsaumstraße, 5 Neukirchen und Mihla, 6 Kleinschmalkalden)

Recht eigentümlich und gar nicht „bäurisch" muten dagegen einzelne Festkleider an, die fast den Boden berühren. So Abbildungen der „Schurztracht" (vgl. Tabarz) aus dem Anfang und der Mitte des 19. Jahrhunderts und Kirchenanzüge aus letzterer Zeit aus Thal und Friedrichroda (Tafel 4, Abb. 1), ebenso die Schönstedtertracht.

Der Stoff der Röcke richtete sich nach der Bestimmung des Anzugs. „Sachen" von selbstgesponnenem Leinen und Wolle (wie die obengenannten „Büffelröcke") bevorzugte man, darunter ein glänzend appretiertes Leinen, aus dem die „Dams"röcke genäht wurden. Selbst im Hochsommer, zu Volksfesten und auf dem heißen Tanzboden verlangte die Sitte und — das Protzentum schwere, dicke Tuch-Unter- und -Oberröcke. Es erscheint schier unbegreiflich, wie die Last der vielen warmen Röcke ertragen werden konnte. Und dabei war der Oberkörper der Bäuerin zumeist in die enge, warmgefütterte Jacke eingezwängt.

5. Der Mantel. Der einfachste Schutz für Männer und Frauen gegen Regen und kalte Witterung war ehemals das einfache, blauleinene Regentuch, das zusammengelegt bei Gängen über Land leicht untergebracht werden konnte. Als verbreitetste Umhüllung war und ist wohl noch heute der Thüringer Kindermantel (Abb. 20) in jedem Bauernhaus und in jeder einfachen Bürgerfamilie der Städtchen zu Hause. Nirgends habe ich den Oberstoff aus Wolle gefunden, stets ist leichter Baumwoll-, Druck- und Kattunstoff verwendet, im Gebiet meist in dunkelblauem, schwarzem oder braunem Grund. Leinen

soll früher viel dazu verarbeitet worden sein. Als Futter dient, wo solches überhaupt benötigt wird, gleichfalls Baumwollzeug, für den Wintermantel aber blauer oder weißer Flanell. An Stelle der Halskrause am Oberkragen nähte man „vürnehmen" Mänteln gern einen Samtkragen auf.

Abb. 20. Thüringer Kindermantel

Ein wertvolles, weil fast unverwüstliches Prunkstück, das von Geschlecht zu Geschlecht weitervererbt wurde, war der Spanische Mantel. Dieses außerordentlich malerische Gewand wurde im Gebiet nur in Schwarz getragen. Es bestand aus feinem Tuchstoff. 8 m maß der Mantel in der Weite; die vordere Länge betrug 110, die Rückenlänge 120 cm. Im Nacken waren 18 gleichmäßige, tiefe Falten gereiht, die nach dem Saum zu zierlich auseinanderfielen. Im Nacken wurden die Falten durch den „Brettchens"-, „Dach"- oder „Kummet"-Kragen überdeckt. Dieser seltsame „Schmuck" bestand aus einem dreieckigen Stück von umstehender Form (Abb. 21) und wurde in echt bäurisch-eigenartiger Weise angefertigt, indem man nach diesem Muster eine Anzahl Leinwandstücke zuschnitt, in saure Milch oder Brotteig tauchte, heiß plättete und dadurch eine Art steifes Leinenbrett erzielte. Darüber nähte man Futterstoff, dann das schwarze Tuch des Mantels, und umrandete den Kragen endlich mit schwarzem Samt (Abb. 22). Dieser Umhang hatte weder Bänder noch sonstige Schließvorrichtungen; er umhüllte die Gestalt allein durch seine Schwere und wurde mit den Händen vorn zugehalten (vgl. auch Tafel 6, Abb. 2).

Immer wohl ist das schöne Stück ein Festgewand gewesen. Wir finden es wieder beim Hochzeitsschmuck der Braut wie als allgemein von Mann und Frau getragenes Feierkleid beim Abendmahl und im Leichenzug.

Der Name „Spanischer Mantel" wurde in den 60er Jahren auf einen aus städtischen Kreisen herübergenommenen runden Mantel übertragen, der in der Biedermeierzeit aufs Dorf kam, jetzt aber ebenfalls so gut wie außer Gebrauch ist.

Wie zu seinem echten Namensvetter verwendete man feines schwarzes (zuweilen auch blaues oder braunes) Tuch zu dieser Hülle. Ein langer Kragen, oft mit Fransenabschluß, fiel bis zu den Knien, und die obere Umrandung bildete ein schmaler Samtkragen.

6. Die Schürze. Die Schürze ist eines der Haupt-Trachtenstücke für die Werktags- wie auch für die Festtracht. Stellt sie doch sozusagen eine Art Oberrock dar, bunter und prunkvoller fast als der Faltenrock selbst. Bezeichnend für jede Thüringer Bauernschürze ist, daß sie den Rock mindestens zu zwei Dritteln umspannt und verdeckt. Sie wird also in verschiedenen „Bahnen" geschnitten, zusammengenäht und in Falten gezogen. Deshalb nannte man sie „Kräußelschürzen". Ein zweites Erfordernis ist die meistens nach innen mit schwarzem Seidenband hervorgehobene faltige Frisur, mit der alle „besseren" Schürzen eingefaßt sind, und endlich als wertvollster Schmuck für die Festtracht-Schürze das Seidenband, das in langen Schlupfen und Enden vorn herunterfällt.

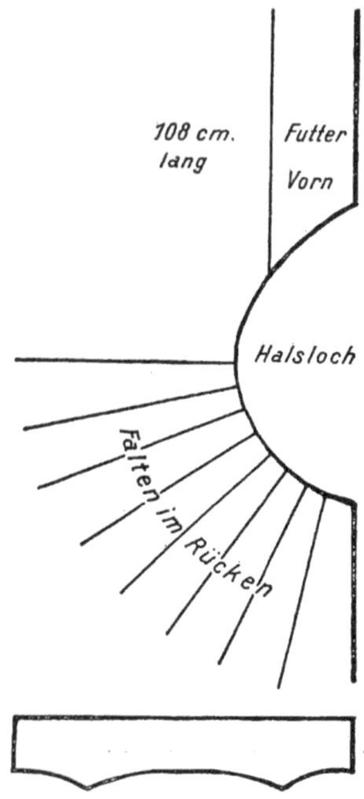

Abb. 21. Spanischer Mantel

Schürze und Brustlappen mußten in der Farbe übereinstimmen. Welche Mannigfaltigkeit in Farbe und Ausstattung zeigen die verschiedenen Schürzen selbst auf einem kleinen Landschaftsgebiet! Derb und kernig, aus selbstgesponnenem, oft auch selbstgewebtem Leinen ist die Wirtschafts-, Stall- und Feldschürze. In allen erdenklichen Farben und Mustern (besonders „Rosen", d. h. Blumenmustern) prangt die Kirmseschürze aus feiner Wolle (Rasch, Flanell), Halbseide oder gar schwerer Seide; endlich die zarte, weite schneeweiße Mullschürze zum „Nachtmahl" (vgl. Abb. 19 und Tafel 6, Abb. 2, Tafel 12, Abb. 2).

Auch bei diesem Gewandstück machte sich der Wandel der Mode bemerkbar. So liebte man um 1830 dreifach übereinandergesetzte Frisuren. Um 1800 sind schmale, glatte weiße Leinwandschürzen, die nur die vordere Rockbahn bedeckten, beliebt gewesen, und noch 60 Jahre später prunkten die leinwandreichen Friedrichröderinnen mit roten Miedern und schmucken weißen Schürzen.

7. Die Fußbekleidung. Schuhe und Strümpfe konnten sich sommersüber noch zu Anfang des 19. Jahrhunderts nur Wohlhabende leisten. Man sah bis tief ins vorige Jahrhundert hinein (50er Jahre) in Städten und Dörfern unter der ärmeren Bevölkerung überwiegend barfuß („barbs") Gehende. Bei dem „grundlosen" Zustand der Dorfstraßen waren Holzschuhe im Winter weit verbreitet. Über die Waldtracht berichten Mosch und Ziller (a. a. O. S. 35): „. . . Statt der Schuhe tragen die Weiber großenteils wollene bis unter die Waden reichende Socken, die unten mit Leder besetzt sind." Dieselben Verfasser erzählen (a. a. O. S. 322) von der kleidsamen Sitte um Schönau v. d. W., festtags rote Strümpfe zu tragen, doch war dies schon damals (1813) eine Seltenheit (Tafel 16, Abb. 1). Im allgemeinen zog man zum Tanz weiße Strümpfe an und liebte es, die Sonntagsstrümpfe mit bunten, eingestrickten oder aufgenähten Zwickeln auszustatten (Tafel 7, Abb. 1; Abb. 23 und 64).

8. Die Kopftrachten. Auf keinem Gebiet der Tracht hat die Volksphantasie so viel Buntes, Reiches, künstlerisch Vorbildliches geschaffen, als da, wo es sich um den Schmuck

des Frauenkopfes handelte. Unübersehbar groß ist z. B. die Menge der Stickereimotive. Wir müssen uns daher auf die Besprechung der wichtigsten Gegenstände beschränken.

Der **Kopflappen** („Heidlappen"), diese bequeme Verhüllung von allem Schönen und — Unschönen auf dem weiblichen Haupt, ist wohl von Haus zu Haus in allen Dörfern des Gebietes von alt und jung getragen worden. Auch in den Landstädtchen,

Abb. 22. Spanischer Mantel (rechts Vorder-, links Rückenansicht). Federzeichnung von H. Reinhardt

vor allem in Friedrichroda, das ja, was Sitte, Mundart, Anschauung, vor allem aber die **Tracht** betrifft, bis zu dem jede Eigenart verwischenden Fremdenzustrom um 1860 völlig dörflichen Charakter bewahrt hatte. Jetzt (1921) sieht man in dem Bergstädtchen nur noch wenige alte Frauen, die den auffallend schmal gelegten dunkelblauen oder grauen Kopflappen (Abb. 24) nicht ablegen mögen. In Rödichen, Ernstroda, Schönau usw. trug man das Tuch auch schmal, doppelt um den Kopf gelegt; vorn wurde ein Knoten geschlungen, und die Endzipfel verbarg man unter dem Wulst (Abb. 24). In den 40er Jahren des vorigen Jahrhunderts war es Sitte, das gefranste

Tuch nur einmal umgelegt vorn zu knoten und die Zipfel seitlich schmal herabhängen zu lassen. Ein wenig anmutiger Anblick! (Tafel 5, Abb. 2.)

Der Heidlappen war eine für gewöhnlich selbständige Kopftracht, doch wurde das Tuch zuweilen auch vor die Haube gebunden (Tafel 6, Abb. 2). Es gab Tücher mannigfaltigster Art, vom einfachen, selbstgesponnenen Leinenlappen oder wohlfeilen Baumwolltuch bis zum Festlappen aus Halb- oder Ganzseide. Und welche Abwechslung in Muster und Farben! Besonders liebte man Rand und Zipfel mit leuchtend bunten „Rosen" bedeckt, die beim Binden natürlich nach außen über die Schläfe zu liegen kamen und den Kopfschmuck sehr kleidsam hoben. Wohl jedes Jahrzehnt bevorzugte besondere Farbe und Webart. Man könnte eine Mappe mit den Abbildungen allein der eigenartigsten dieser Tücher füllen. Nur zwei besonders schöne derselben möchte ich hier erwähnen: Bei dem ersten sind in die Borte auf dunkellila-mattem Grund silberglänzende seidene Arabesken eingewebt (Abb. 10); das zweite hat einen warmen braunen Untergrund, der überstreut ist mit bräunlich-gelbgrünen, ganz naturalistisch gewebten Hainbuchenblättern. Zur Trauer trug man natürlich schwarze und zur Halbtrauer dunkel- bis hellgrau gemusterte Kopftücher.

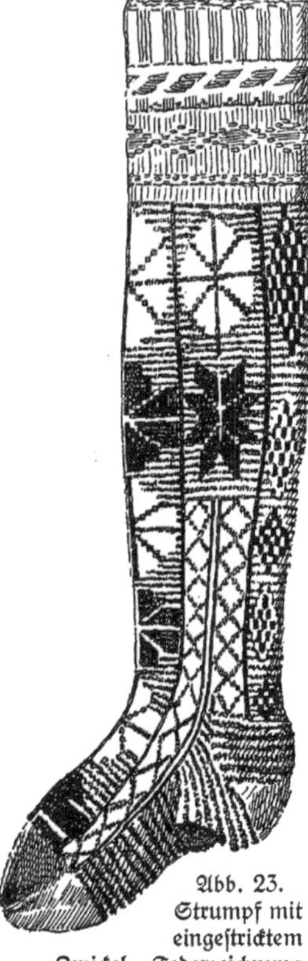

Abb. 23. Strumpf mit eingestricktem Zwickel. Federzeichnung von Hel. Reinhardt

Die Kirchenmütze. In sämtlichen Ortschaften nördlich des Rennsteigs, im Wald wie im Vorland, ist dieselbe Grundform der Kirchenmütze getragen worden, freilich in verschiedenartigster Ausstattung. Heute trägt kaum noch ein altes Mütterchen diese ehemals von alt und jung allgemein angelegte Kirchentracht. Wurden doch sogar die „Mantelkinder" schon damit „geschmückt". In wenig Jahren wird die letzte derartige Haube verschwunden sein. In dem recht zäh am Alten hängenden Kabarz geht z. B. nur noch eine einzige Frau mit diesem Kopfschmuck zur Kirche (1908), ebenso in Winterstein (1923).

Die Grundform der Thüringer Kirchenmütze ist die eines umgestülpten Napfes (Abb. 26). Am Hinterhaupt ist die Linie in gewölbtem Bogen von Wange zu Wange gezogen, hier auf den Seiten in stumpfen Zipfeln endigend und über der Stirn in mehr oder weniger spitzer Schneppe auslaufend. Die Form wurde aus starkem Papier, Pappe oder gestärkter grober Leinwand hergestellt. Innen kleidete man sie gewöhnlich mit Papier aus, und es finden sich zuweilen recht eigenartige, wenn auch mit dickem Schmutz überzogene Schriftstücke in diesen „Archiven". Zu zwei Dritteln überzog man nun die Oberfläche der Form mit dem dem Zweck der Haube entsprechenden Stoff: schwarze Seide oder Halbseide zur einfachen Kirchentracht; schwarzen Samt für die Abendmahlsmütze. Staffelförmig in schmale Falten gelegt, nach der Mitte zu sich erhöhend, wurde das schwarze Seidenband hierauf auf der Vorderseite aufgeheftet. Die stumpfen Wangenzipfel er-

6 5 4 3 2 1

1. Thüringer Brauttrachten (1—3 Schönstedt bei Langensalza, 4 Waldsaumstraße, 5 Kammerforst bei Mühlhausen, 6 Mihla)

1 2 3 4 5 6 7

2. Thüringer Festtrachten (Kirmsekleidung an der Waldsaumstraße) (1 und 2 mit Kopflappen, 3 mit Kirchenmütze und Kopflappen mit hängenden Enden, 4 Stirnkappe, 5 Kindermantel und Heidlappen, 6 und 7 Platzbursche und Platzjungfer)

hielten schwarzseidene Bindebänder, und über die Rückseite fielen Schleifen und Bandenden von verschiedenartiger Länge und Anzahl, je nachdem man eine einfache oder prunkvolle Ausstattung beabsichtigte (vgl. die verschiedenartigen Hauben auf den Gruppenbildern).

Der wichtigste, man kann fast sagen: künstlerische Teil der Haube war das Mützenstück, d. h. der auf der oberen Hälfte des Hinterhauptes liegende Abschnitt. Wohl in keinem Stück der ganzen Volkstracht verkörpert sich so deutlich Geschmack und Eigenart der Stickerin wie der Bestellerin oder Käuferin, ebenso wie die Eigentümlichkeit der gerade herrschenden Modeliebhaberei in Sticktechnik und Farbe.

Die Mützenstückchen wurden, soweit ich erfahren konnte, zum Teil fabrikmäßig hergestellt, besonders die auf Gold- und Silberbrokat gearbeiteten; davon suchten die Bäuerinnen ihren Bedarf nach Geschmack und Moderichtung aus. So war z. B. in Gotha in den 60er Jahren ein sehr bekanntes Geschäft dieser Art. Außerdem besaß aber wohl jedes Dorf noch im besonderen eine nadelkundige Person, die diesen Zweig der Volkskunst immer von neuem aus dem Schatz ihrer Phantasie mit eigenen oder aus alten Mustern und Modeltüchern zusammengesetzten Motiven bereicherte. Oft waren es verkrüppelte „Alte Jungfern“, die im Verborgenen, auf ihren hölzernen Lehnstühlchen, die feinsinnigsten und geschmackvollsten kleinen Kunstwerke schufen, unendlich höher einzuschätzen als unser fabrikmäßig hergestellter schillernder Plunder.

Abb. 24. Heidlappen (Originalzeichnung von Reinhold Gerbing)

Die einfachen schwarzen Trauerhauben waren im Gebiet vielfach ganz ohne Stickschmuck, bei anderen bestand das Mützenstück aus violettem, gepreßtem Samt. Zu festlichen Mützen wurde oft mit Blumen durchwirkter Silberstoff (Brokat) verwendet; man findet darunter recht wertvolle alte Stücke.

Unübersehbar in ihrer Verschiedenheit, was Farbe und Technik betrifft, sind die nach eigener Erfindung oder nach alten Mustern hergestellten Seidenstickereien in Flach- und Hochstichen, besonders aber die in Gold- und Silber- und Perlenstickerei ausgeführten Stücke. Metallscheibchen, Gold- und Silberdraht und Lahn jeder Art wurde dazu verwendet. Die Raumausfüllung und -verteilung ist stets verständnisvoll, der zutage tretende Geschmackssinn oft bewunderungswürdig (Abb. 11 und Tafel 7, Abb. 2).

Der Bänderschmuck verdient eine besondere Erwähnung. Wurde bei der Kirchenhaube auch kein so hoher Luxus damit getrieben wie bei den Weimarischen Mützen, so wandte man doch zuweilen sehr wertvolles gewässertes und Zackenband an.

Die Kirchenmütze sieht etwas kahl aus, wenn die Stirnseite nicht mit viel gefältetem Seidenband (wie in Tabarz [Taf. 8, Abb. 1 und 2] und Thal üblich) verbrämt war. In den meisten Ortschaften wurde daher ein dunkler, schmalgelegter Kopflappen so um die Mütze gebunden, daß die Stirnschneppe gerade noch hervorschaute. Es gab aber noch eine zweite Zusammenstellung von Mütze und Tuch, hauptsächlich für die Festtracht berechnet. Dabei wurde das gewöhnlich farbige Tuch ganz breit gelegt und so gebunden, daß nur der obere Rand des wagrechten Mützenbandes knapp handbreit zum Vorschein kam. Breit und plump, wie Kaninchenohren, hingen die Seitenzipfel neben den Haubenbändern über die Brust bis zum Gürtel herab, oder sie flatterten beim Kirmsetanz lustig um die erhitzten Gesichter von Tänzer und Tänzerin (Abb. 25).

Eine andere Ergänzung zur Kirchenmütze war die Stirnkappe, vielleicht die kleidsamste aller Thüringer Kopftrachten. Mit wie einfachen Mitteln wurde hier wieder das anmutigste Bild hervorgezaubert! Ein Streifen schwarzer Samt, der von Ohr zu Ohr quer über die obere Stirn lief, wurde ringsum mit ziemlich breiten, etwas faltig gesetzten schwarzen Spitzen eingefaßt, die den Oberteil der Haube ganz verhüllten und als zarter Schleier die Stirn beschatteten. Zu freudigen und ernsten Anlässen legten Mädchen und ältere Bauersfrauen diesen zierlichen Putz an; zur Kirmse und Hochzeit wie zur Feier des Abendmahls (vgl. Tafel 6, Abb. 2, Fig. 4).

Abb. 25. Weimarische Mützen

Durch ganz Mittel- und Nordthüringen ist die gleiche Tracht zum Abendmahl in Gebrauch gewesen. Man kann daher wohl annehmen, daß diese in den sinnbildlich-ernsten Tönen gehaltene Tracht aus weit zurückliegender Zeit stammt. Eine Ausnahme bilden die farbigen Mützen der Konfirmandinnen in Thal bei Ruhla und in Klein-Schmalkalden (Tafel 13, Abb. 2). Die zu dieser Feier angelegten Kirchenhauben waren mit schwarzem Samt überzogen; die Stirnseite umrahmten weiße Spitzen. (Abb. 19).

Die bisher besprochenen Kopftrachten waren verhältnismäßig einfach, fast unscheinbar in Farbe und Stoff. Desto pomphafter und stattlicher hebt sich die bekannteste Haube des Thüringer Landes nordwärts vom Rennsteig hervor: die Weimarische Mütze, die aber im Westzipfel des Thüringer Waldes, in der Eisenacher Gegend, Gothaische Mütze hieß (Abb. 25 und 46).

In zwei, etwas voneinander abweichenden Formen wurde diese Mütze getragen: mit rundem, trommelförmigem Gestell im „Land", länglich-eiförmig im Wald und an dessen Fuß. Das Gestell, aus gleichem Stoff wie die Kirchenmütze gefertigt, wurde zunächst mit schwarzer Seide überzogen. Der Raum über dem Scheitel, der vom Mützenstück ausgefüllt wurde, lag in einer Grube, in deren Innenrand die vielen. gewaltig breiten und oft bis auf die Knöchel niederwallenden Bänder angenäht waren. Mit diesen Bändern wurde ein großer Aufwand getrieben. Sie konnten kaum kostbar genug beschafft werden, wurden mit Fransen, Tressen und Goldstickerei beschwert, wenn auch weit bescheidener in den ärmlichen Walddorten als in den reichen Dörfern in der Nähe von Gotha und Erfurt. Der eigenartigste Teil der Weimarischen Mütze war die Binde. Ein Stück Pappe, weit genug, den Kopf zu umspannen, oben gewölbt, nach der Stirne zu fast wagrecht, nach den seitlichen Enden zu sich verschmälernd, überzog man mit dunklem Baumwollstoff. Auf diese Grundlage wurde nun ein wahres Blumenbeet von Flitterschmuck, an Blumendraht zu Sträußchen gebunden, aufgenäht: bunte und Goldperlen, Stoffblümchen, Flitter. Alle diese zierlichen Kleinigkeiten hoben sich flimmernd und zitternd von einem weichen schwarzen Hintergrund ab, der aus Sträußchen von kurzen Straußenfedern gebildet war. Dieses eigentümliche Gebilde erhöhte den Kopf mindestens um das Doppelte und wirkte mit den gewaltigen, wie eine schwarze Haarflut herabwallenden Bändern fast wie der phantastische Schmuck eines

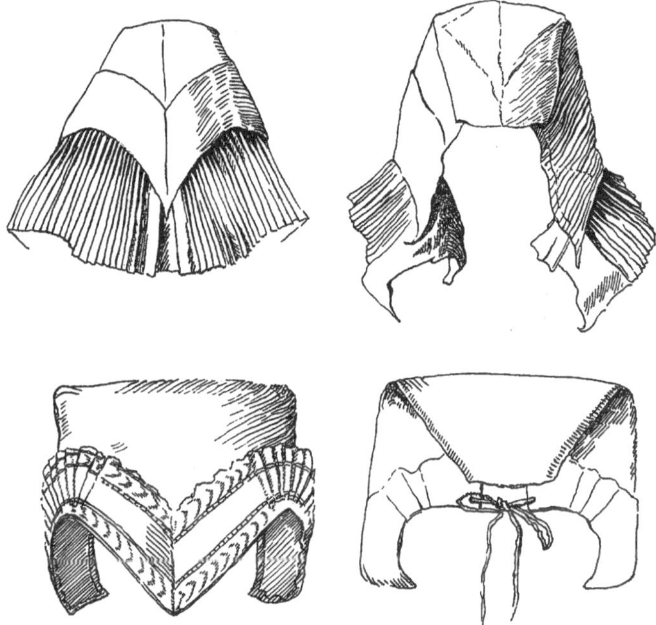

Abb. 26. Vier Grundformen der Kirchenmütze

Indianerhäuptlings. Thüringer Mädchen, die in den 90er Jahren in diesem Kirmseputz Berlin besuchten, erregten dort allerwegens Aufsehen.

Die Trachten der Ortschaften in den eigentlichen Waldtälern auf der Nordseite des Gebirges unterscheiden sich nur in kleinen Geschmacksabweichungen und -liebhabereien von den am Saum des Waldes oder im Vorland liegenden Siedlungen. Fast ausnahmslos entwickelten sich diese Dörfer im oberen Gebiet einer alten Straße (oft bei der Abzweigung einer Seitenstraße) und erhielten daher ihren Zuzug, ihre Sitte, Sprache und Tracht vom älteren Siedlungsursprung am unteren Talausgang. So Friedrichroda—Finsterbergen; Ohrdruf—Georgenthal (Katterfeld, Altenbergen)—Tambach; Ohrdruf—Schwarzwald—Oberhof; Gräfenroda—Dörrberg—Gehlberg. Letzterer Ort gehört zwar mundartlich zum Fränkischen; die Tracht: Weimarische Mütze und Thüringer Kirchenmütze, entstammen aber dem Thüringer Geratal.

Dem Gebiet der Waldsaumstraße müssen wir auch noch Arnstadt und Umgegend bis nach Stadtilm und Kranichfeld zurechnen.

Leider war es schon vor 20 Jahren nicht mehr möglich, in jedem Ort alte Leute aufzuspüren, die die alte Tracht noch gekannt hatten. In dem abgelegenen Reinsfeld (südöstlich von Arnstadt) glückte mir dies. Vor „hundert Jahren" trugen die Frauen dort „Bauschelјacken" mit weiten Ärmeln aus Gingang zum Werktag; die Sonntagsjacken waren aus Halbseide; dazu gehörten schwere Tuchröcke, die zur Hälfte herauf mit blumiger (broschierter) Seide besetzt waren. In der Woche legte man das Kopftuch um, dem Sonn- und Festtag galt die ziemlich hohe Haube, von der vier Schleifen im Rücken herabfielen. Man band ein halbseidenes Tuch davor, das hinten, unter den Mützenbändern, gebunden wurde. Das Mützenstückchen war meist in grün-lila Perlenstickerei gearbeitet. Schon dem kleinen Mädchen, das ein Mützchen trug, wurden die Haare kurz geschoren bis auf zwei Teile zu seiten der Schläfe, zum Flechten von zwei dünnen Zöpfchen, die die Schläfe einrahmten. Die Männer trugen bunte Gingangjacken zu ihren Kniehosen. Getanzt wurde in Hemdärmeln.

Äußerst lehrreich und beweisend für das Wandern und die Übertragung mancher Trachten von Gegend zu Gegend ist das Vorkommen der Thüringer Kirchenmütze in zwei Ortschaften auf der Südseite des Waldes: in Goldlauter und Heidersbach (nördlich von Suhl). Letzteres Dörfchen wurde 1708 auf Veranlassung des Fürsten Moritz von Naumburg-Zeitz durch Friedrichröder Bleicher gegründet. Goldlauter, eine Siedlung Suhler Bergleute, bestand zwar schon seit 1546, scheint aber später die Kopftrachten der Nachbargemeinde angenommen zu haben. Außer den Jacken, Faltenröcken, Kindermänteln wurden mir breite flache Mützchen gezeigt, ganz in der Form wie im nördlichen Vorland üblich, aber entsprechend dem (bildlich gesprochen!) mageren Boden, dem sie entsprossen, sehr vereinfacht und verkümmert. Über das straff in die Höhe gekämmte Haar und den auf dem Scheitel zum Nest gelegten Zopf wurde das „Nesthäuble" gestülpt. Das Kirchen- und Festmützchen, das „Kaffeehäuble", hatte dieselbe Form. Ein Kopflappen wurde davorgebunden, die beiden Bänder der Haube aufwärtsgeschlagen und damit die Haube befestigt.

Leichte schwarze Seide, schmale Zackenbänder, aber trotz der sichtbaren Armut ein feiner künstlerischer Geschmack im gestickten Schmuck (stilisierte Blumen in Perlenstickerei) des „Haubenfleckle" (Mützenstück). Selbst der Kopfschmuck zum Abendmahl glich nicht den südlich benachbarten hennebergischen „Überziehhuben", sondern schließt sich eng den um Ohrdruf—Arnstadt getragenen Mützen an. Frau Lorette, meine Gewährsmännin, erzählte mir, „in ganz alter Zeit" sei das schwarze Samthäuble zum Nachtmahl von weißen Spitzen umrahmt gewesen.

3. Die Trachten am Fuße des Inselbergs

In einer rings um den Inselberg gelegenen Gruppe von Ortschaften wich die Tracht in wesentlichen Stücken von der der umliegenden Siedlungen ab. Auf der Nordseite des Gebirges handelt es sich um die Dörfer Tabarz-Kabarz, Fischbach, Winterstein und das Städtchen Ruhla; auf dem Südabhang um den Marktflecken Brotterode und die benachbarten Ortschaften.

Nach Mosch und Ziller (a. a. O. S. 165) geht die Sage im Lauchagrund, „die Voreltern der Landleute in Tabarz-Kabarz, Brotterode und der Ruhl seyen einst von Zellerfeld im 12. Jahrhundert ausgewandert und hätten das Thüringer Land durchzogen, um Wohnplätze zu suchen.“ Die Gegend um den Inselberg soll nun ihr Wohlgefallen so erweckt haben, daß sie sich hier niederließen und in den erzreichen Vorhöhen des Thüringer Waldes den heimatlichen Bergbau einführten. Die Besiedlung des Lauchagrundes und der umliegenden Gegend von Zellerfeld aus im 12. Jahrhundert ist jedoch völlig ausgeschlossen, da der dortige Bergbau erst im 13. Jahrhundert entstand. Dem besten Kenner des Harzes, Herrn Archivrat Ed. Jacobs (†) war auch (nach frdl. schriftlicher Mitteilung) „von einer Auswanderung aus Zellerfeld durchaus nichts bekannt“. Die erste sichere Erwähnung des Ortes Tabarz („Der von Tanfurte Gemeinde“) stammt von 1397.

Daß reger Fuhrverkehr auf der alten „Brotteröder Straße“ von Kabarz über den Paß der Grenzwiese und ein vielleicht noch lebhafteres Treiben von wandernden Handelsleuten durch den Lauchagrund über den Großen Wagenberg nach der Grenzwiese und Brotterode herrschte, ist dagegen sicher seit dem 16. Jahrhundert nachweisbar. Noch weit älter (mindestens 12. Jahrhundert) ist der Gebirgsübergang Schweina—Gerberstein—Winterstein, der seit der Besiedlung des Ruhlatales gewiß auch nach Osten zu auf der Waldsaumstraße zugenommen haben wird. Die ursprüngliche enge völkische Verbindung zwischen der Zent Brotterode und den auf der Nordseite des Gebirges gegenüberliegenden Siedlungen könnte sich in gemeinsamen Besonderheiten der Tracht auch noch in späteren Zeiten kennzeichnen. Auch mundartlich gehört Brotterode zu Thüringen (L. Hertel, Thür. Sprachschatz. Weimar 1895, S. 19). Eine gemeinsame Besprechung der Siedlungen rings um den Inselberg: Brotterode mit dem Trusental, Messer- oder Hexensteinbach-Ruhla, Tabarz-Kabarz halte ich also für gerechtfertigt.

Die Grundformen der ehemaligen Volkskleidung im betreffenden Gebiet sind natürlich die oben behandelten, seit dem 18. Jahrhundert gemeinthüringischen. Als gemeinsame Sonderabzweigungen möchte ich folgende Teile der Festkleidung hervorheben:

1. Der Kantelrock. Er war im Vergleich zu den übrigen Bauernröcken wenig faltig. Den Namen hatte er von der breiten Kante, die etwa handbreit über dem unteren Rockrand von gleichem Stoff aufgesetzt war. Dieser Stoff, ein weicher Wollflanell, scheint nur in zweierlei Farbe, einem tiefen Violett und einem dunkeln Grün, getragen worden zu sein. Das „türkische“ Muschelmuster war in dunkler Schattierung dem helleren Grund aufgedruckt.

Trotz aller Nachfragen habe ich den Kantelrock nur aus dem Trusental (Brotterode, Laudenbach[1]) usw.) und Ruhla nachweisen können. Es sind jetzt kaum noch alte echte Exemplare aufzutreiben; eines der besterhaltenen (abgesehen von denen im Ruhlaer Ortsmuseum und im Thüringer Museum in Eisenach) besitzt das Wachsenburgmuseum.

2. Das „Liebchen“ (Leibchen). Die Grundlage ist derbste Leinwand; darüber ist bestickter Seiden- oder Brokatstoff geheftet. Bei dieser Stickerei ist besonders die geschickte Raumausfüllung zu bewundern. Der Rücken ist durch silberne oder goldene Tressen in zwei Felder geteilt, deren jedes mit einer großen stilisierten Blume aus-

[1]) Vielleicht auch in Hörschel (s. das Kapitel Werratal).

gefüllt wurde. Silber- und Golddraht, Gold- und Silberplättchen, Metall-Lahn verwendete man dazu, auch Auflagen von Samt und Chenille und Verbindungslinien von farbiger Seide sind angewandt. Der Rand des Liebchens wird mit Tressen kräftig hervorgehoben. Auf der Brust klafft das Kleidungsstück weit auseinander. Dieser Teil wird mit farbigem Tuch oder anderem Stoff unterlegt (auch wohl mit dem seidenen Brustlappen) und durch silberne Litzen oder Ketten verschnürt. Den unteren Rand bildet der bekannte Wulst des Schnürmieders. Zum Liebchen gehörte stets als Ergänzung das weißleinene, bauschärmelige Mieder („Muoder" in Tabarz).

Die Schurztracht. Keine der hübschen Frauentrachten Südwest-Thüringens hat seit Menschengedenken soviel Eindruck gemacht wie die Schurztracht, die bis in die 40er Jahre in der Umgebung des Inselbergs getragen ward. Hoff und Jacobs, Mosch und Ziller (1813) erwähnen und beschreiben die Bekleidung. Letzteren verdanken wir auch Abbildungen. Ein weit künstlerischer ausgeführtes, von Prof. Schneider-Gotha gezeichnetes und getuschtes Bild dieser Tracht (in Tafel 8, Abb. 2 wiedergegeben) enthalten die bei Hellfahrt in Gotha 1852 erschienenen Thüringer Trachtenbilder. Eine alte Kabarzer Frau beschrieb mir die Kleidung ihrer Jugend: Der sehr eng gefältete Rock (gewöhnlich dunkelgrün) aus feiner oder gröberer Wolle reichte bis handbreit unter die Achsel (also nach „Empiremode"!) und wurde von oben bis etwa zur Mitte des Leibes mit 3 cm breitem, schwarzem oder grünem Band („Anschroten") fest umwickelt. Dieses „Schürzen" verlieh dem mehr eigenartigen als schönen Anzug den Namen. Es gehörte dazu das oben beschriebene Liebchen mit dem Brustlatz aus glattem Samt mit Blumen gestickt und das weiße Leinenmieder, das an den Handbündchen mit rosaseidenem Schleifenbusch geziert war. Die vordere Rockbahn verdeckte die „kriedewieße" (kreideweiße) Schürze. Mosch und Ziller ergänzen die Beschreibung mit der Bemerkung, daß „dieses weiblichen Völkchens Tracht eine seltene Erscheinung sei unter der von Thüringen ... Sie (die Frauen und Mädchen) erscheinen mit unbedecktem Haupte, das Haar hinaufgeschlagen nach dem Oberteil des Kopfes, umwunden mit purpurnem Bande, daß zwei niedliche Röschen, an den Ecken hervorragend, den Kopfputz enden und von ihnen flatternd zwei Bänder den Rücken herabhängen." Der eben beschriebene Kopfputz scheint zum Tanz gebräuchlich gewesen zu sein. Abweichend davon trägt eine der geschürzten Jungfrauen auf Bild 1 von Mosch und Ziller einen gewaltigen Pelzturban, mit, wie es scheint, goldgesticktem Deckel; die zweite aber hat sich mit einem sehr eigentümlichen, kapuzenartigen „Schleier" geschmückt, der (nach Mosch und Ziller) im Wald weitverbreitet gewesen sein muß. Jetzt kann niemand mehr darüber Auskunft geben. „Korallen" (Glas- oder Silberperlen) oder eine Bernsteinkette bildete den unentbehrlichen Halsschmuck.

Die Schurztracht feierte ihre Haupttriumphe auf dem weit und breit berühmten „Tabarzer Vogelschießen" zum Pfingstfest. Aus ganz Thüringen gab sich dort die junge lebenslustige Welt ein Stelldichein: die Schönen aus der Ruhl mit ihren Burschen auf maiengeschmückten Leiterwagen, Studenten aus Jena und Göttingen und der Strom der Tanzlustigen aus den Nachbardörfern und Landstädtchen. Daß die Schurztracht einst auch in der Ruhl Sitte war, ist dort völlig vergessen, und nur den Aufzeichnungen Mosch und Zillers verdanken wir unsere Kenntnis des Zusammenhangs vom Schurztrachtgebiet. Auch die Erinnerung an die alte **Brauttracht** und an das **Kirmseheid** (die Festtracht zur Kirmse; Tafel 1) ist fast ganz aus dem Volksgedächtnis geschwunden. Auf Abb. 2 ihres Buches geben Mosch und Ziller einen künstlerisch mißlungenen, aber geschichtlich doch wertvollen Begriff von der Tabarzer Brauttracht. — Die nach der Natur 1859 durch **Reinhold Gerbing** aufgenommene kolorierte Zeichnung (Tafel 1) beweist, daß die einzelnen Teile der malerischen Kleidung (sie mußte damals aus dem Besitz verschiedener Familien erst mühsam zusammengesetzt werden) wenigstens noch vorhanden und alten Leuten noch im Gedächtnis war. Mosch und Ziller beschreiben dieses Gewand recht anschaulich (S. 164f.): „Die Braut erscheint an ihrem Trauungstage in einem roten, glatt um das aufgewundene Haar liegenden Kopfputz (Bängerheid), auf welchem der Kranz sitzt, einem schwarzen Mieder, langem faltenreichem schwarzen Rock und einer kurzen, schwarzen, mit gleichfarbigen Samtstreifen besetzten und mit weiten Ärmeln versehenen Jacke. Von der linken zur rechten Seite hängt ein aus lauter silbernen Gliedern bestehender Gürtel herab; vorn, in der Gegend des Unterleibes ist er mit einem vergoldeten Schlosse versehen; die Glieder des Gürtels sind oft daumenbreit und so eng aneinander, daß dieser in einiger Entfernung als ein silbernes Band erscheint. Da, wo er am Unterschenkel am tiefsten herabreicht, befestigt man mit rotem Bande einen Schlüssel und ein Tuch, das mit feinen Spitzen besetzt ist. Die Hände der Braut bedecken blausamtene Handschuhe, **Müffe** genannt, an den Enden mit Marderpelz vorgestoßen, auf der Oberfläche des Samts mit Gold gestickt. Schön und originell, aber auch teuer ist diese Tracht. Der Rock allein, soll er schön sein, erfordert 10 Ellen breites Tuch und kostet 30—40 Rthlr."

Das Bild von 1859 bringt verschiedene Abweichungen von der Beschreibung von 1813. Das Bängerheid zeigt nicht die sonst in Thüringen übliche Form mit der Flitterkrone, sondern zwei Rosetten mit einem dazwischenstehenden Blumensträußchen. Den Hals umschließt die buschige Spitzenkrause, und im Nacken leuchtet das Wahrzeichen der „Ehrenbraut", der rote „Schlaufenbusch". Die eigenartige, fast neugriechisch anmutende Jacke mit den spitz auslaufenden Vorderteilen ist unterlegt mit einem gestickten Brustlatz. Die Ärmel sind mit breiten Spitzen geziert.

Ganz abweichend von allen mir bekannt gewordenen bildlichen Trachtendarstellungen und wirklichen Gewandstücken ist das Bild des Mädchens im „Kirmseheid" (Tafel 1), einer Festkleidung, die zur Zeit der Aufnahme bereits außer Gebrauch war und die auch die ältesten Frauen des Lauchagrundes, denen ich die Zeichnung 1912 vorwies, nicht mehr kannten. Das gewiß sehr kleidsame Obergewand scheint eine Art weitfaltiges Hemd mit halblangen Puffärmeln zu sein. Ein Spitzenkragen, darüber der Henkeldukaten, vor der Brust das Blumensträußchen — führwahr ein echtes Jungmädchengewand! Die Festmüffe aus durchbrochenem Baumwollstoff, auch wohl aus kunstvoller Häkelarbeit, sind für das Gebiet und die Zeit ganz bezeichnend.

Die **Schneppenmütze** mit den Quetschfalten über der Stirn und den breiten Seidenbändern ist dagegen auch in den westlicheren Ortschaften: Thal, Fischbach, Winterstein, Seebach usw. beliebt gewesen und hat sich dort bis in die 60er und 70er Jahre erhalten (Tafel 8, Abb. 1).

Daß die Schurztracht um die Wende des 18. zum 19. Jahrhundert in der Ruhl üblich war, erzählt uns, wie oben berichtet, Mosch und Ziller. Die Rühler selbst wissen nichts mehr von dieser Kleidung ihrer Urgroßeltern. Sie verstehen unter der „Alten Ruhler Tracht“, die bis etwa 1860 noch vereinzelt getragen wurde, einen Anzug, dessen Hauptbestandteile folgende waren: Achselhemd, Leinenmieder („Mäder“), Schnürmieder („Liebchen“ oder „Liebstück“) mit Brustlappen und der Kantelrock. Ebenso gebräuchlich wie das Mieder war aber die Jacke. Die Rühler Tracht zeichnete sich besonders durch ihre Buntheit aus. Zu den Sonntagsjacken nahm man mit Vorliebe rotlila, blauen und grünen Samt, auch grell-ziegelroten oder grün karierten Wollstoff oder Kattun. Zum grünen Kantelrock liebte man eine kaffeebraune Jacke. Ebenso strahlend waren die Schürzen mit ihren bunten, flatternden Bändern und die prächtigen „Rosen“-(Blumen-) Brustlappen. Der allgemeine „Heidlappen“ (Kopftuch) wich in der Farbe und in der Art des Umlegens bedeutend von allem Thüringer Gebrauch ab. Nur im Werragrund (Etterwinden und Umgegend) habe ich ähnliche ziegelrot-geblümte Tücher gesehen. Der Ruhler Lappen wurde ganz schmal, bandartig, zusammengelegt und so gebunden, daß die beiden gefransten und oft mit Schmelzperlen benähten Zipfel keck über das linke Ohr hingen.

Abb. 27. Ruhlaer Kirchenmantel. (Aus L. Gerbing, Die Ruhlaer Tracht, Tafel III)

Zu den Zeiten der Alten Rühler Tracht liefen Jungen und „Meagen“, bis sie aus der Schule kamen, „barbs“, d. h. barfüßig. Später, für den Tanzboden, verwandten die jungen Dinger desto mehr Sorgfalt auf die Bekleidung der zierlichen Füßchen. Vielerlei kunstvolle Zwickel wurden in die Strümpfe eingefügt (vgl. Tafel 7, Abb. 1). Dazu legte man beim Tanz die „Kommoden“ an, d. h. Schuhchen mit hohen Absätzen und kreuzweis geschlungenen Bändern. Fürs Haus hatte man Holzpantoffeln, zum Schutz beim winterlichen Wandern die „Beinsocken“, d. h. kurze derbe Strümpfe von weißer Wolle.

Als Schutz gegen die Kälte und als Staat für Kirche und „Leiche“ sah man neben dem gewohnten „Kindermantel“ in jeder Ausstattung auch einen praktischen, aber unförmlichen Kirchenmantel mit breitem Überkragen (Abb. 27). Der malerische, einst sicher getragene „Spanische Mantel“ ist vergessen wie die Schurztracht.

Der Heidlappen ist als einzige zur „Alt-Ruhler Tracht“ gehörige Kopftracht anerkannt gewesen. Und doch hat die Ruhl viel reicheren Kopfschmuck besessen. Abgesehen von der bis zur Mitte des vorigen Jahrhunderts gebräuchlichen Weimarischen Mütze sind es besonders die Kappen, die, wenn auch nur in wohlhabenderen Familien, zur Familien-Festtracht nicht fehlen durften. Sie gehörten geradezu zur Brauttracht. Zu ihr gehörten ein schwarzer Taffetrock, schwarze oder braune Seidenjacke, eine weite Schürze von gepreßter schwarzer Seide (Moiré), Zwickelstrümpfe und Schnallenschuhe. In einer wohlhabenden Ruhlaer Familie wird eine blauseidene Brautjacke

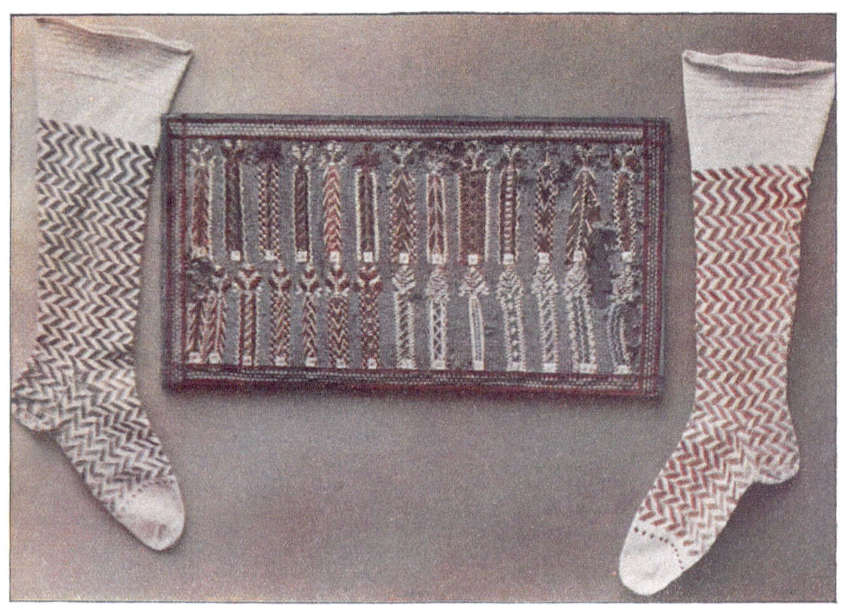

1. Strümpfe und Strumpfzwickel

2. Farbige seidene Bänder und Perlen-Mützenstückchen („Mützenläpple“, 1 und 2) aus Zella-Mehlis

verwahrt, die vorn zum Verschnüren mit einer „Erbskette“ (aus silbernen Perlen) eingerichtet ist.

Der künstlerisch wertvollste Teil dieses Anzugs aber war die Brautkappe (Abb. 28). Ihre Form entsprach durchaus der oben beschriebenen Form der Thüringer Mütze. Stets wurde wertvollster Stoff zum Überzug verwendet, die Anordnung und Farbenwahl erfolgte aber auf zweierlei Art. Auf bunter Seide oder farbigem Atlas (flaschengrün, indigoblau) stickte die Künstlerin je eine stilisierte große Blume aus Goldfaden, Chenille usw. auf die Rückseite der Mütze. Ähnlichen Schmuck erhielt die Stirnseite, soweit sie nicht von den schwarzen Bändern, die auch in halblangen Enden und Schleifen über den Rücken fielen, verdeckt war. Der Bandausputz fehlte der Goldkappe, der eigentlichen Brauthaube. Ihr Wert bestand in dem kostbaren Material aus Gold- oder Silberbrokat und der außerordentlich wirkungsvoll ausgeführten Blumen- und Ara-

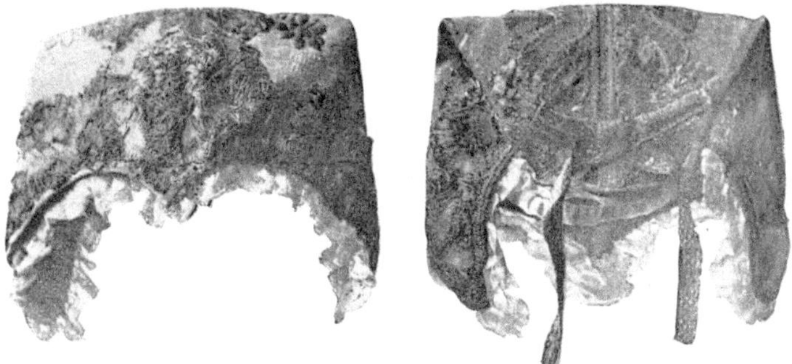

Abb. 28. Ruhlaer Kappen (links Vorderseite der Silber-, rechts Rückseite der Goldkappe). Aus L. Gerbing, Die Ruhlaer Tracht, Tafel IV

beskenstickerei. Breite und schmale Goldtressen und -spitzen überspannten zum Teil den Grundstoff; weiße breite Spitzen umrahmten den unteren Rand.

Von der Rühler Männertracht ausgangs des 18. Jahrhunderts erzählen uns Mosch und Ziller: „Sie (die Altvorderen) liebten es, an den Sonntagen und gegen Abend nach vollbrachter Arbeit zusammenzukommen, auf freien Plätzen, und alte deutsche, ihnen eigentümliche Spiele anzustellen; nur wenig Lebende können sich dieser Sitte noch (1813!) erinnern. Diese Alten trugen Schuhe und weiße Strümpfe, rote, lange Westen, gelblederne Beinkleider und hellblaue Ärmeljacken, auch eine mit buntem Deckel versehene Pelzmütze.“

In der Ruhl trug noch zur Biedermeierzeit reich und arm die gleiche Tracht: baumwollene lange Hose, eine kurze Arbeitsjacke von halbwollenem Stoff, bei kaltem Wetter eine lange Weste oder gestrickte wollene Jacke; eine Mütze mit breitem Schild; Socken und Schaftstiefel, in der Stube gestickte „Huisschuh“.

Weit bunter, ein Seitenstück zur farbenfrohen Frauentracht, kleidete sich der Rühler am Sonntag: schwarze Samtkniehosen legte der Bursche an, weiße durchbrochene Strümpfe und Schnallenschuhe, Hosen und Strümpfe, umfaßt von farbig gestickter Borte (Knieriemen), die kurze Sonntagsjacke von schwarzem glänzenden Tuch, für die Kirche den langen Bratenrock („Schoßrock“) mit blanken Knöpfen oder gar einen lang-

Abb. 29. Szene aus Arno Schlothauers „Ruhlaer Kirchenstriet"

schößigen Frack („Wadenklopfer") und den malerischen Dreimaster. Als Brautvater oder Ehrengast mußte der Rühler sich zur „Angstruihr", auch „Esse" oder der „hoch Stürmer" genannt (Zylinder), bequemen. Bis weit in die zweite Hälfte des vergangenen Jahrhunderts hinein hat sich die Ruhl zu Werk- und Festtagen, bei Leid und Freud mit der „Alten Tracht" geschmückt. Dann drang mit den neuzeitlichen Gedanken, mit dem Fremdenverkehr, der allgemeinen Wehrpflicht die städtische Mode ein und überwucherte allmählich die heimische Volkskleidung. Heute tragen nur noch ganz einzeln ein paar alte Mütterchen den dunkelblauen Heidlappen, ohne Kantelrock und Mieder. Aber bei Rühler Volksfesten und zur Aufführung der Schlothauerschen Volksstücke (Abb. 29) kommen die echten Gewänder wieder ans Tageslicht und wirken dabei, solange die Darstellung am Heimatort selbst vor sich geht, durchaus harmonisch (Tafel 9, Abb. 2; Abb. 30).

Die einst weitberühmte Tracht von Brotterode scheint mir ein Beweis dafür zu sein, daß die Volksgewandung sich nicht innerhalb der staatlichen Grenzen entwickelt, sondern häufig längs der Straßen wandert. Brotterode bildete zusammen mit dem jetzt preußischen Dorf Klein-Schmalkalden (rechts der Schmalkalde) den Gerichtsbezirk der Zent Brotterode. Wie wenig Anklänge aber finden sich bei den Trachten der beiden Ortschaften! Dagegen erkennen wir in der alten Tracht die wichtigsten Einzelheiten der jenseits des Thüringer Waldes herrschenden Tracht wieder in den durch eine vielbenutzte Straße verbundenen Ortschaften an der oberen Laucha Kabarz-Tabarz. Denn die oben besprochene Schurztracht der Lauchadörfer ist ein genaues Gegenstück der

Alt-Brotteröder Tracht! Eine zweite Zone derselben Tracht ist Messer-Steinbach mit Ruhla.

Als besonders bezeichnend und m. W. einzigartig für Thüringen ist das Sürkismieder mit dem Brustlatz für das eben genannte Gebiet (Ruhla—Laucha—Truse) hervorzuheben. Der Name „Sürkis" findet sich nur in Brotterode. Der surcôt war (nach Moritz Heyne, a. a. O. S. 292) im 11. Jahrhundert ein langer, den Körperformen sich anschmiegender Rock (Obergewand), ursprünglich geistliche Tracht. Längst war die Form gewandelt, aber der Name haftete noch an einem Teil der Kleidung. Noch zu Geisthirts Zeit (um 1730) hieß ein sehr langer, gefalteter, etwas aufgeschürzter Rock (Schurztracht?) „Sürkes" (vgl. Geisthirt, a. a. O. Buch 2, Kap. 84, § 6). Weiter erzählt Geisthirt: „Den Oberleib bedecken sie (die Weiber) mit einem sehr kurzen Brustwämschen." Dies wird das „Sürkismieder" sein. Zwei weitere Bemerkungen erinnern wieder an die Kabarz-Tabarzer Tracht: „Die Weiber verhüllen das Haupt mit einer Haube von Pelz auch mitten im Sommer mit unterlegter weißer Leinwand und das Gesicht mit einem weißen Schleier, daß nichts als Augen, Nase und Mund frei ist." Eine Schleierkapuze, allerdings nicht so stark verhüllend, trägt auch die Kabarzerin auf der Abb. 1 bei Mosch und Ziller.

Abb. 30. Ein „Rühler Meagen"

Das Sürkismieder („Muder") war aus schwarzem oder dunkelbraunem Samt gefertigt, am unteren Rand mit schmalem Wulst aus starker Leinwand versehen, der den Röcken als Halt diente. Das Charakteristische des Aufputzes des Kleidungsstückes liegt in der Art des Aufnähens der Silbertressen, die im Rücken in zwei Streifen herunterlaufen, dann bogenförmig von der Taille nach den Schultern zu führen und sowohl die Armlöcher wie den Hals- und Brustausschnitt einschließen. Von genau derselben Anordnung berichtet Justi (a. a. O. S. 19) aus der Marburger Gegend. Der Raum auf dem Rücken des Sürkismieders unterhalb der bogenförmigen Silberlitzen wird stets von Stickerei ausgefüllt. Auf dem Kabarzer Mieder ist es ein etwas plump ausgeführtes Rokokomotiv: eine Vase mit drei großen Blumen, gestickt in verschiedenartigem Gold- und Silberdraht und Metallplättchen. Zum Sürkismieder gehörte der steife rote Brustlatz, der unter die Kettenverschnürung an der Brust gesteckt wurde. Auch für den Lauchagrund wurde mir dieses alte Trachtenstück bezeugt (Tafel 6, Abb. 2).

Ebenso altertümlich, aber nur aus Brotterode bekannt, ist der Halsschmuck, die „ausgegrabene Körnerkette". Der auffallende Name rührt, wie Herr Fachlehrer Pistor in Schmalkalden vermutet und wie mir alte Brotteröder Frauen bestätigten, von der eigentümlich kantig-ausgebohrten Form der Perlen her. Die „ausgegrabene Körnerkette“ ward mit einem silbernen Schloß geschlossen oder mit einem breiten Seidenbusch im Nacken; an mancher Kette hing ein Dukaten oder „Doppelludor“. Die einzelnen Perlen bestanden aus Filigran. Auf welchem Handelsweg mag in alter Zeit dieser reizende Putz ins Dorf gekommen sein? Sagen über „Venediger“, die heimlich nach Gold gruben, spuken um den ganzen Inselberg.

Rock, Jacke und Schuhwerk der Brotteröder Werktagstracht unterscheiden sich wenig von der übrigen Thüringer Tracht. Die Sonntagshaube mit dem vorgebundenen bunten Seidenlappen gleicht (abgesehen von der spitzeren Form) der von Thal und Tabarz (Abb. 31).

Abb. 31. Brotteröder Kirchenhaube

Ein lebendiges Zeugnis für den frohen Festsinn des durch seinen umfangreichen Gemeindewald, durch mannigfache Vorrechte und durch den ehemals sehr bedeutenden Bergbau wohlhabenden Waldortes war die alte Brauttracht. Ich verdanke die Beschreibung dieser Tracht vom „Hee'sch Gezügt“ (heimischen Zeug) zwei alten Brotteröderinnen, die von ihrer Großmutter her genau unterrichtet waren. Über das Achselhemd („Osselhem“) kam an Stelle der Unterröcke das sehr weite (10 Ellen weite) „Danzhem“, darüber das weißleinene Muder mit gestrüpften Ärmeln. Der eng gefältete, doppelt mit Seidenband besetzte Rock war an das Sürkismieder genäht. Um den Rockbund zu verdecken, umwickelte man diesen bis unter das ganz kurze Muder hinauf, also bis dicht unter die Brust mit „Anschroten“ oder anderen wollenen Streifen. Das Sürkismieder stand vorn weit offen. Dieser Ausschnitt ward mit seidenem Band, Litzen oder Fransen kreuzweis zugeschnürt und darunter, (also zwischen Leinenmuder und Verschnürung) steckte das „Bruststück“, ein Stoffteil, abwechselnd aus Brokatstoff und Silbertressen — quergenäht — zusammengesetzt; man verwendete also kein steifes Stück Zeug, wie in Kabarz. Ein buntseidener Lappen wurde dreieckig gelegt; ein Zipfel hing über den Rücken, die beiden anderen wurden seitlich, achselbänderartig vorn über die Achsel geschlagen und am Muder festgesteckt.

Der Bund der breiten weißen Schürze war mit Hohlnaht versehen und mit den Anfangsbuchstaben des Namens bestickt. Weiße, lange, gestrickte „Muffen“ (Handschuhe), bis halb über die Finger reichend (der Daumen war angestrickt), umband man am oberen Ende, am Ellbogen, mit einer hübschen blauen oder rosaseidenen Schleife. Genau wie beim Kabarzer Brautheid hing auch in Brotterode das große, weiße, spitzenbesetzte und mit einer roten Schleife geschmückte Taschentuch, dessen Ecken mit den Anfangsbuchstaben der Namen des jungen Paares bestickt waren, an einer silbernen

Kette über die Schulter — angeblich ein Sinnbild der Treue. Weiße Strümpfe und „Kommoden“ gehörten an die Füße.

Die Schwester der Braut erhielt als Dank für ihr Aufwarten bei der Hochzeit den „Brotreiche-Lappen“ auf die „Ossel“ gesteckt, ein buntes seidenes oder wollenes Tuch. In dies Rosentuch wurde, in Stückchen geschnitten, das Brot gelegt, von der Schwester hervorgeholt und herumgereicht.

Der Hauptputz, auf den sich noch heute alle Brotteröderinnen etwas zugute tun, war der Kopfschmuck der „Ehren“braut, das Braut- oder Schnürheid, gewöhnlich aber „die Flitterbraut“ genannt. Diese Brautkrone war die nämliche wie in Kabarz, nur bestand sie nicht aus Blumen und Perlen, sondern lediglich aus blinkenden Metallplättchen (Pailletten). Vielstündige Arbeit und Kunstfertigkeit war nötig, bis der Ehren-Kopfschmuck der Braut, das Flitterheid, vollendet prangte. Eine Schilderung dieser Putzarbeit, die in der Nacht vor der Hochzeit vorgenommen wurde, dürfte hier am Platze sein. Zunächst wurde das Haar auf dem Scheitel in die Höhe gekämmt, in zwei Zöpfe geflochten, diese mit ziegelrotem Wollband umwickelt (auch hier also die Vorliebe für das eigentümliche Mennigerot wie im Lauchagrund) und dann wie zwei gegeneinanderliegende Henkel aufgesteckt. Fingerbreites ziegelrotes Wollband benähte man mit pfenniggroßen goldenen Plättchen. Von der Mitte der Stirn fing man an den Kopf reihenweise damit zu umwickeln, bis zu den Zöpfen hinauf. Der ganze Aufbau wurde von der handtellergroßen Flitterkrone überragt. Auch zur Herstellung dieses kleinen Kunstwerks gehörte viel Geschick. Vier Silberdrahtfüßchen wurden von einem Silberdrahtreif umspannt. Silber- und Goldperlchen, an Draht geknüpft, befestigte man am Reif. In immer engeren Kreisen bis zur Spitze des Krönchens waren Silberdrahtschleifchen und Myrtenblüten befestigt; die Spitze krönte ein Sträußchen von Myrtenblättchen und Silberdrahtschleifchen.

Hatte das Mädchen „den Kranz verspielt“, so durfte es nur das „kleine Heid“ tragen. Dabei wurde das Haar in die Höhe gekämmt und in zwei Zöpfe geflochten, die als Schleifen, mit goldrotem Band umwunden, rechts und links auf dem Scheitel befestigt wurden.

Die Brautjungfern trugen außer dem Sürkismieder grünen Wollrock mit grünen „Gallonen“ (Litzen) besetzt, die weiße Schürze mit rotem „Schurz“ (Band), dazu vor das kleine Heid ein Stirntuch aus weißem Batist, weit über die Augen fallend, „ein Sinnbild der Frömmigkeit bei der heiligen Handlung“.

Der Anzug des Bräutigams war ganz schwarz. Wenn der Jüngling „Bursche“ geblieben war, durfte er ein Myrtenkränzchen im Knopfloch tragen. Zur Kirmes ward dem Burschen von seinem Mäjen ein bunter Kirmselappen beim „Umspiel“ (Musik durchs ganze Dorf) auf die Schulter geheftet.

Über eine besondere Abendmahltracht konnte ich selbst bei sonst gut unterrichteten Alten nur wenig erfahren. Junge Mädchen trugen dabei kein Tuch um die Mütze, wohl aber die Frauen; dazu den schwarzen Tuchmantel.

Die Kirchenmütze glich der von Tabarz und Thal (Tafel 8, Abb. 1). Jungfrauen trugen keinen Heidlappen vor der Mütze. Wie an vielen Orten stammen auch in Brotterode die „Breitheider“, d. h. die niedrigen Hauben, aus älterer Zeit als die „Hochheider“.

Das einst so berühmte „Hee'sche Gezügk" ist so gut wie verschwunden, abgesehen vom Heidlappen, vom Kindermantel und einzelnen alten Faltenröcken. Was von wertvollen Gewandstücken und Schmuck bis in neuere Zeit übrig war, ist fast alles bei dem großen Brand i. J. 1895 vernichtet worden. Der letzte vollständige Anzug der „Flitterbraut" soll vor einigen Jahren nach Dresden verkauft worden sein.

III. Kapitel

Das Werratal vom Werraknie westlich von Eisenach bis zur Itz (Koburg)

Das in der Pracht blumenbunter Wiesen von der silbern glitzernden Werra durchströmte Gelände längs des Südfußes vom Thüringer Wald hat sich wohl von allen Gauen unseres Gebietes die anmutigste Tracht geschaffen und, was mehr bedeuten will, bis in unsere Tage zum Teil noch erhalten.

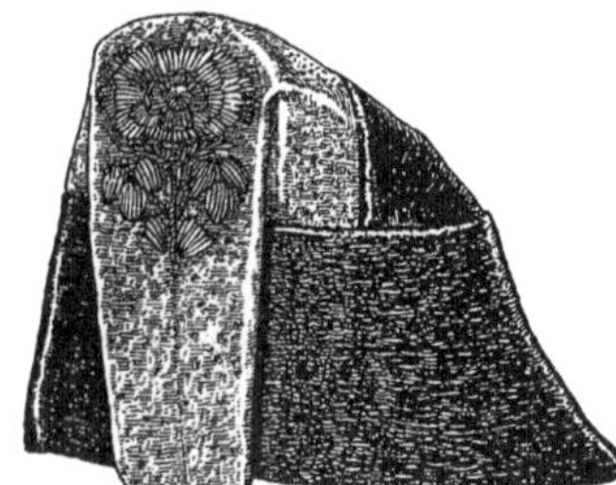

Abb. 32. Innenteil eines Sperrheids aus Viernau

Der weite Wiesengrund zwischen der Rhön und dem Thüringer Wald, bis weit an dessen Südhängen hinauf, wird zum überwiegenden Teil zu Futter- und Obstbau benutzt. Reihenweis, an süddeutsches Gelände erinnernd, stehen selbst in den zusammengelegten Fluren noch die blüten- oder fruchtüberschütteten Bäume. Es ist, als ob ein Schimmer dieses Glanzes auch die Freude an bunter Ausstattung der Gewänder hervorgerufen hätte, unterstützt von dem leichtlebig-frohen Einschlag der hier auftretenden fränkischen Blutmischung.

Wie fast überall bildet auch hier die Kopftracht das bezeichnende Leitmotiv. Im Werratal herrscht das Sperrheid[1]), ein neben der breit-niedrigen „Thüringer Kirchenmütze" durch anmutige Zierlichkeit höchst vorteilhaft abstechendes Gebilde. Den Namen „Sperrheid" kann ich nicht erklären; soviel ich weiß, ist er auf das untere Werratal beschränkt. Ich möchte die Bezeichnung aber hier anwenden, soweit die charakteristische spitze Haubenform überhaupt reicht.

Nicht durch staatliche Grenzen ist das Sperrheid umschränkt. Sein Gebiet überschreitet nirgends nordwärts den Rennsteig, reicht aber nach Süden und Westen bis tief in die Vorberge der Rhön (das „Amt Sand", ehemals weimarisch, gehört ihm durchaus an), nordöstlich bis Steinbach—Hallenberg.

Neuenhof, Hörschel, Göringen, Lauchröden gehören noch halb dem Ringgau, halb

[1]) „Spärrhaube" heißt (nach B. Spieß, a. a. O.) „eine schwarze Haube mit langem, weißem, gesteiftem Spitzenrand, bei der Kommunion getragen; dann ein gemütlicher Spottname einer Weibsperson". Vgl. Breitungen.

der Waldsaumstraße an (durch die Weimarische Mütze). Im ganzen Landstrich südwärts aber, zwischen Fulda—Werra—Schwarza und weiter auf dem linken Werraufer bis zur Milz finden wir das Sperrheid in verschiedenen Ausstattungen und Nebenformen.

Die Form des Sperrheids ist länglich-eiförmig. Als Stoff wird starke Leinwand, mit steifem Papier unterlegt, genommen. Die Näherin überspannt die Rückenhälfte mit dem bestimmten Stoff: Seide, Samt, Kattun; die Wangen- und Stirnseite rahmt sie mit schwarzem Seidenband außen breit ein, das nach innen eingeschlagen wird. Die Rückenseite der Haube ist nach unten durch eine Quetschfalte etwas verengt. (Abb. 32).

Die Ausführung des „Haubenfleckles" ist unendlich verschieden. Lange nicht alle Hauben sind bestickt. Das Fleckle besteht in vielen Fällen aus buntem, der Länge nach zusammengenähtem Band, das in sehr eigentümlicher Weise bienenzellenartig gekraust ist (Abb. 33 und 34; Tafel 9, Abb. 1). Diese Nähart nannte man „gerupft". Die „gerupften Fleckle" sind oftmals noch mit Perlenblümchen bestickt. Sehr beliebt ist auch das Besticken durchsteppten Stoffes (Leinwand und Baumwolle), besonders im Schwarzagebiet. Die Trauerhaubenfleckle sind fast durchgängig von schwarzem oder grauem Stoff, mit weißen, stilisierten Perlenblümchen gefertigt (Abb. 34). Seltner ist die Überspannung der Haube mit glattem Stoff (Brokat, Samt, Seide).

Abb. 33. „Gerupftes" Sperrheid aus dem Werratal (Etterwinden)

Charakteristisch für das Werratal ist als Stickmaterial die Chenille, sowohl als Auflage zu Blumen und Blättern als zur Umrandung von Zieraten (Ornamenten), Zweigen, Blumen usw. Dieses schöne, weiche Material, in lebhaften satten Farben angewendet, wirkt äußerst plastisch und lebendig (Abb. 35). Die Vorbilder wurden meist der Pflanzenwelt entnommen in natürlicher, oft überraschend plastisch-treffender Form und Ausführung, oder fein-künstlerisch stilisiert. Oft mögen die sinnigen Dorfkünstlerinnen nach alten Modelbüchern gearbeitet haben; sicher aber überwiegen die Stickereien, die der eigenen Phantasie der „Nähterschen" ihr Dasein verdanken. Wir haben hier also echte, bodenständige Volkskunst vor uns.

Sehr eigentümlich ist die häufige Verwendung kirchlicher Vorbilder, nicht bloß am katholischen Rhönrand (Helmershausen); auch im Hennebergischen (Gethles bei Schleusingen) fand ich das in Silberdrahtplättchen und schwarzer Chenille ausgeführte „Bischofsstab"-Motiv (Abb. 35). Die ähnlich geformte Stickerei von Abb. 32 wird dagegen einen Blumenzweig darstellen.

Im Gegensatz zu der auf dem Scheitel thronenden Kirchenmütze der Waldsaumstraße deckt das Sperrheid hauptsächlich das Hinterhaupt und läßt die Stirn stets frei. Das schwarzseidne Band wird im allgemeinen um den Scheitel der Mütze gelegt und im Nacken zu einer Schleife geschlungen. Die Bänder der seitlichen Wangenzipfel werden unter dem Kinn geknüpft.

1. Die „Fränkische Tracht" zwischen Hildburghausen und Koburg.

Der südliche Abschnitt unseres Trachtengebietes umfaßt ungefähr den Raum zwischen folgenden Ortschaften: Hildburghausen—Heldburg—Käslitz—Ummerstadt—Koburg—Oberlind—Sonneberg—Unterneubrunn—Eisfeld—Hildburghausen.

Zwei Gewandstücke dieses Gebietes möchte ich als besonders charakteristisch hervorheben: 1. Die hohe, tütenförmige Haube, deren Läpple nicht wie beim Sperrheid oder „Stutzen" obenauf, sondern tief im Inneren liegt. Die Tüte ist außen herum von oben bis unten mit röhrenförmig angeordneten schwarzen Tüllspitzen besetzt, die oben mit einem Chenillerand enden; so wird die Haube von einem wolligen Kränzchen eingefaßt. Reicher Bandschmuck umwallt den kleidsamen Kopfputz und wird durch Kinnbänder vervollständigt. Ein seidener oder wollener Heidlappen umfängt den unteren Rand der Mütze und schließt sich der Stirn an (Tafel 13, Abb. 1, Fig. 1).

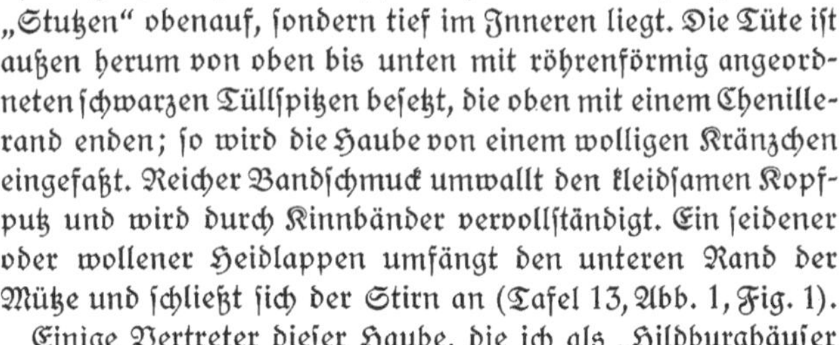

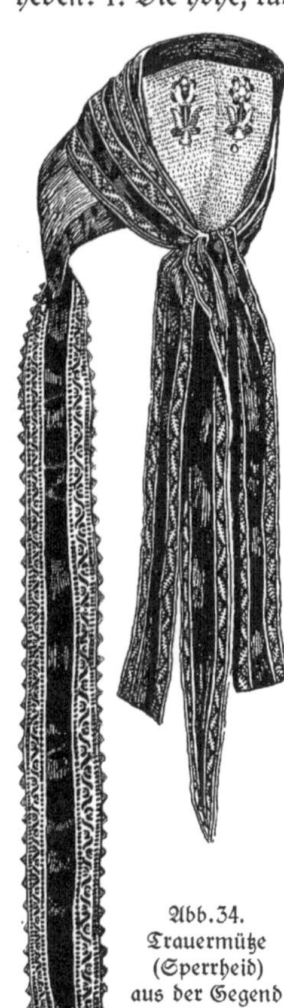

Abb. 34. Trauermütze (Sperrheid) aus der Gegend von Viernau

Einige Vertreter dieser Haube, die ich als „Hildburghäuser Haube" hier bezeichnen möchte, werde ich unten beschreiben.

2. Der Faltenrock aus harschem starken Wolltuch, mit mehrfach übereinandergenähtem grünen Zackenband besetzt.

Die Wohlhabenheit der Ortschaften und der Geschmack der Bewohner hatten, wie anderwärts, großen Einfluß auf die Ausstattung der Volkskleidung. Als Beispiele will ich zunächst Einzelheiten aus der Gegend der stattlichen Bauerndörfer um Heldburg wählen.

Der Faltenrock wurde nicht mit der „Schoppe" (Jacke) verbunden, ebensowenig das „Leible" (Schnürmieder), das zum weißärmeligen Mieder gehörte.

Sehr wirkungsvoll muß die Abendmahlstracht „vor 100 Jahren" in und um Heldburg gewesen sein: sinnbildlich weiß, wie auch in vielen Orten der Waldsaumstraße. Eine hohe weiße Atlashaube mit weißsilbernem Haubenfleckle umschloß den Kopf, dazu paßte die weiße Halskrause und die duftige feine Leinenschürze; nur der faltige Tuchrock war schwarz. Später, um 1860, verlangte die Mode völlig schwarze Kleidung zum heiligen Nachtmahl.

Nur aus „Großmutters Erzählungen" kennen alte Leute noch die hübsche Brauttracht „vor hundert Jahren". Zum dunkeln Rock trug das Mädchen „ein ganz kleines Kränzle auf dem Scheitel. Über der Stirn war buntes Band und Flittern angefügt". Es war also eine Art „Flitterheid".

Zum Abendmahl trug die Jungfrau in der Koburger Gegend damals dasselbe Kränzle mit schwarzen Bändern, die die Stirn umfaßten und über den Rücken fielen.

Weit ärmlicher und einfacher mußte sich die Tracht in den engen Waldtälern oberhalb Eisfelds entwickeln, in Ober- und Unterneubrunn, Lichtenau, Gießhübel, Bieber-

1. Frau aus Thal (bei Ruhla)

2. Mädchen aus Tabarz in Schurztracht

Nach Lithographien von C. Hellfarth

schlag. Aber auch hier fand ich noch Spuren von gutem Geschmack und bei einzelnen alten Frauen einen gewissen Stolz auf die einstige längst verlassene Dorftracht.

Zu den großen harten „Friesenröck'" trug die Frau das kurze „Wamest" (Jacke), in Gießhübel „Koller" genannt, oder die längere „Kantuschen". Unterröcke waren in früherer Zeit völlig unbekannt!

Die „Hildburghäuser" Haube, das „Käpple", in alter Zeit niedriger als späterhin, war Sonntags- und Kirchenschmuck. Breite Kopflappen mit nach hinten hängendem Zipfel band man werktags um. Auch hier erinnerte man sich noch der zum Teil (für Schürze und Halslappen) weißen Abendmahlstracht.

Für das ganze „fränkische" Gebiet besonders bezeichnend sind die ungemein reizvoll und lebenssprühend wirkenden kunterbunten Halslappen, die noch heute gern in Eisfeld gekauft werden und in ihrer berauschenden Farbenpracht bei den Veranstaltungen der überall verbreiteten Frauenvereine eine so belebende Rolle spielen. Mit Freude entsinne ich mich eines äußerst anregend gestalteten „Trachtenabends", den das gastliche Pfarrhaus in Crock in einem Vorkriegsjahr zusammengerufen hatte. Da gab es eine wahre Blütenlese der buntesten fränkischen Hauben und Tücher zu bewundern. Oft sind die Lappen schillernd (changeant) gewebt: rot-lila, grün-rot, blau-rot. Beliebt sind große Vierecke (Karos) mit eingewebten Ranken, Rosen und Blättern, besonders Weinblättern. Alle Tücher sind befranst, meistens quadratisch (103 cm oder 70 cm), zum Teil auch dreieckig. Die Farbenwirkung ist trotz der Buntheit äußerst harmonisch, im Geschmack und in der Webart (geflammt) ganz ähnlich wie die Schultertücher der Rhön.

Abb. 35. „Sperrheid" aus dem Werratal

Als ein weiteres Beispiel der gesunden fränkischen Farbenfreudigkeit auf dem Gebiet der Trachten möge hier die Beschreibung zweier märchenhaft bunten Schürzen folgen, wahrer Prachtstücke ihrer Gattung. Leider kann ja die genaueste Schilderung die Anschaulichkeit eines guten Bildes nicht ersetzen. Bei der ersten ist der Grund des Mittelstücks dunkelbraune Wolle, darüber sind dicht damastartig karmesinrote Blumenranken gewebt, durchschlungen von einem bandartigen Ornament. Dazwischen leuchten lebhaftviolette Blümchen und rote Blumen. Eine fünffache Kante läuft auf drei Seiten um dieses Mittelstück: 1. eine gewebte Damastspitze, dazwischen Glockenblumen, abwechselnd lila abgetönt und rot-gelb; 2. Girlande von rotgrünen Zweigen; 3. Spitzenkante (rot), darauf wieder violette und rot-gelbe Blumen; 4. schmalere rot-grüne Zweigranke; 5. rot-grünes Spitzenmotiv.

Die zweite Schürze ist halbseiden. Auf mattgrau-violettem Grund sind Weinblätter und Ranken in rötlich-lila Tönen gewebt. Keine Kante. Die hübschen Zacken-Bindebänder sind violett-schwarz mit eingewebten grün-weißen Blumen.

2. Themar; Reurieth; St. Bernhard; Milz. Das Tal der Lauter (Hasel) von Heinrichs bis Rohr; Schleusingen

Abgesehen von der Strecke zwischen Themar und Römhild umfaßt das eben umschriebene Gebiet fast lauter wohlhabende Ackerbaudörfer. Viel konservativer Sinn hat sich erhalten (wie schon die großenteils bis in unsere Zeit im Schwang gebliebene Dreifelderwirtschaft beweist), mit ihm ein gewisser Stolz auf die altväterische Tracht. Im Gegensatz zu anderen Landschaften hat aber hier der „Wald“ die Volksgewandung früher aufgegeben als das offene Land.

Als maßgebend für die Tracht um Themar—Reurieth möchte ich die Auskunft niederschreiben, die ich durch Vermittlung des gastlichen Lehrerhauses in dem Dörflein St. Bernhard von einer alten Frau erhielt. Auch hier, in dem vom Verkehr abgelegenen, windumbrausten Dorf herrscht dieselbe anmutige Kleidung wie in den behäbigeren rechten Seitentälern der Werra. Unter den vielen bunten Kunstwerken der Werratal-Hauben im ehemaligen Dorfmuseum zu Metzels gehörten die von St. Bernhard wohl zu den anmutigsten und geschmackvollsten. Besonders in Chenille- und Golddrahtstickerei ist hier ganz Hervorragendes geleistet worden.

Die bauschigen Ärmel des über das „Osselhemd“ gezogenen „Miders“ wurden „hingergestrüffelt“ (hinaufgestreift). „Das Dánzhemd war ganze 6 Elen weit, so lang wie der Róck“; es ersetzte (?!) die Unterröcke. Strümpfe mit Zwickeln und „Arweslöchern“ (eingestrickte erbsengroße Löcher) und niedrige Schuhe gehörten zum „Sonntigsdánz“. Noch stolzer aber ging das Mädchen zum „Plóadónz“ (Plantanz) der Kirmse. Da war der tuchene Rock besetzt mit grünen Litzen (noch früher mit grünem Atlasband); ein Häuble mit recht buntem Haubenfleckle wurde ausgesucht, und über der Jacke bauschte sich die blütenweiße Spitze.

Ganz ernsthaft schwarz, auch für Schürze und Halstuch, das Haubenläpple mit schwarzweißen Perlen bestickt, kleidete man sich zum heiligen Abendmahl. Vor die Haube kam der blauschwarze, halbseidene Kopflappen, der, wenn er sehr groß war, vorn mit „Rosen“ (Knoten) zusammengesteckt wurde.

Wohl keine Dorftracht des Werratals ist im Laufe der letzten Jahre bekannter geworden als die von Milz bei Römhild. Nicht besonderen Vorzügen oder Abweichungen von der Tracht benachbarter Orte verdankt Milz diese Berühmtheit, sondern den Bemühungen seines Geistlichen, des Pfarrers Hönn, der am 14. Juli 1909 ein Trachtenfest veranstaltete, das beispiellosen Zulauf hatte. Leider waren die Vorkehrungen für eine solche Völkerwanderung durchaus ungenügend getroffen, so daß von Kenntnisnahme und wissenschaftlicher Bewertung der so reichhaltigen Werrataltrachten keine Rede sein konnte und eine Förderung der Trachtenkunde trotz des ungeheuren Aufwandes an Arbeitskraft und Mitteln damals nicht zu verzeichnen war.

Wie in einer größeren Anzahl von Werratalortschaften findet städtische Kleidung unter der Landbevölkerung auch dort keinen Eingang. „Die Frauen gehen im Kirchenmantel zum Gotteshaus . . . Die Mädchen erhalten den ersten als Schulkind, den zweiten zur Konfirmation und den dritten zur Hochzeit. Die Milzer Jugend setzt ihren Stolz darein, daß bei Tanzbelustigungen kein einziges Mädchen in städtischer Bluse kommt . . .“ (Pfarrer Hönn in der Festschrift zum Trachten- und Heimatfest in Milz, S. 17).

Abb. 36. Milz (Werratal)

Leider trägt keine der Milzerinnen mehr die überaus kleidsame Haube, die doch stets das tonangebende Trachtenstück der Landschaft ist.

Von der bunten Anmut der Trachten von Themar, Milz, Schleusingen, Dillstedt geben Abb. 36 und Tafel 10, Abb. 1 einen sehr anschaulichen Begriff.

Die Trachten des Lauter- bzw. Hasel- und Schleusegrundes unterschieden sich voneinander nur durch den größeren Aufwand, der zwischen Suhl und Rohr getrieben wurde.

Über das Achselhemd von starkem leinenen Tuch wurde das „Müder" gezogen, mit langen oder kurzen, vorn zusammengezogenen und mit „Gänsezähnchen" bestickten Ärmeln („Schlömmsärmel"). Über das Müder kam Sonntags der Waschrock mit grünem breiten Baumwollband, zum Fest der schwere schwarze Tuchrock, mit doppeltem grünen, 10 cm breiten Seidenband besetzt. Als besonderer Schmuck galt der hartwollene Innenstoß des Rockes, „Wiedeleh'" genannt, d. h. Dawidergelegtes.

Über dem „Leib" lag kreuzweis das bunte, am liebsten grün-rote Halstuch, vorn gehalten von der blau- oder braungestreiften Barchentschürze mit stattlicher Frisur und Zwickeln, daher „Spätelschürze", d. h. Zwickelschürze, genannt. Auch besonders reiche seidene und halbseidene, schillernde Schürzen mit breitem Seidenband werden in wohlhabenden Familien noch aufbewahrt.

Statt des Müders legte die Frau zur Kirche die „Motze" (Jacke) an, deren anmutiger Schmuck in reichlichen Perlmutterknöpfen bestand.

Die jetzt völlig verschwundene Haube hatte die gleiche Form wie im Jüchsetal, war also ohne Schneppe. Die Ausstattung ist natürlich sehr verschiedenartig. Auf dem lila Samtläpple einer Brauthaube in Dillstedt (unterhalb Suhl) prangte eine bunte Chenilleblume mit Goldplättchenstickerei. Breite schwarze Zackenbänder bildeten den „Einzug", d. h. die Nackenschleife der Haube; um die Stirnseite wurde ein Kopftuch gelegt, dessen Enden aber nicht zum Knoten geschlungen wurden, sondern als Zipfel abstanden. „Ganz früher" (einen genauen Zeitpunkt konnte ich nicht erfahren) ist auch in diesen Tälern das freudig-rote „Bängerheid" der Waldsaumstraße getragen worden als Brautschmuck. Heutzutage (1913) legen ältere Frauen das gezipfelte Kopftuch noch um.

Aus alter Zeit klingt noch die Erinnerung an die durch weiße Spitzen an der Haube gekennzeichnete Abendmahlstracht, die im übrigen ganz schwarz war. Die Trauer wurde betont durch glatte (nicht gezackte) „Einzüge" an den Hauben.

Von dreierlei Mäntel-Moden wurde mir in Dillstedt berichtet. Als ältester galt der „Krücklesmantel", mit dem steifen, abstehenden Kragen (der „Spanische Mantel"); später kam der stattliche, dunkelblaue Zackentuchmantel auf (wie im Jüchsetal und in Suhl), in neuerer Zeit endlich wurde eine Art Kindermantel getragen aus Wolle oder Baumwolle, mit langem befransten Kragen, darüber ein breiter Samt-Schulterkragen. Diese Mäntel haben bis heute die bäuerliche Art der Tracht erhalten.

Großen Aufwand trieb man mit den kleidsamen, Gesicht und Kopf gleichzeitig schützenden Schuten („Pferde- oder Gäulsköpfe" genannt). Ich sah solche, aufgeputzt mit himmelblauseidenem Band, rosa Rosen und feuerroten Nelken. Öfters legte man darüber breite schwarze Spitzen, die von schwarzseidenem, in Quetschfalten gelegtem Band festgehalten wurden (Abb. 37).

Als Halsschmuck trugen Frauen und Mädchen Perlenschnüre („Nüster") bis zu 26fachen Reihen.

Auch über die alte **Männergewandung** war in den Lauterdörfern noch mancherlei zu erfahren. Sie wich im ganzen von der Bauernkleidung der ersten Hälfte des 19. Jahrhunderts nicht ab (Abb. 38). Lederkniehosen (die einzeln bis Ende des vorigen Jahrhunderts noch getragen wurden), lange weiße Strümpfe, Schnallenschuhe; kurze blaue Tuchjacke mit blanken Knöpfen, langschößige Röcke, bunte lange Weste. Auf dem Kopf saß die „Klingelmütze" (Zipfelmütze), eine Pelzkappe oder die „Schiefkappe", wie in Metzels. Kamen die Jungen aus der Schule, so erhielten sie als angehende Burschen ein großes buntseidenes Halstuch als Patengeschenk.

Abb. 37. „Pferdekopf", Werratal

3. Suhl; Jüchsengrund; Zella-Mehlis; Werratal oberhalb Meiningen

Eine der eigentümlichsten Thüringer Trachtenschöpfungen hat die alte Waffenstadt **Suhl** aufzuweisen: ihre Kirchenhaube (Tafel 10, Abb. 2). Wie eine Grenadiermütze aus der Zeit Friedrich Wilhelms I. mutet dieses hohe steife Gebilde an, über dessen Entstehungszeit ich keinerlei Nachrichten auftreiben konnte. Und das merkwürdigste dabei ist, daß diese abenteuerliche Haube bis in unsere nüchternen Tage hinein ihr Leben fristet; noch heute (1912) tragen die den Küsterdienst verrichtenden Totenfrauen die Suhler Kirchenmütze, in einfach schwarzer Ausstattung zu den Begräbnissen Armer, mit Spitzen geschmückt bei den Begräbnissen „erster Klasse". Während der Biedermeierzeit war diese stattliche Kopfbedekkung im Besitz jeder Bürgersfrau. Dazu gehörte das schwere Tuch- oder Flanellkleid, eine breite, seidene, bandbesetzte Schürze und vor allem der höchst wertvolle, mit goldenem Tressenkragen ausgestattete königsblaue Zackenmantel.

Wer sich an der alten Suhler Tracht in frischer Lebendigkeit erfreuen will, der besuche die Aufführung eines der hübschen Volksstücke in Henneberger Mundart von **Friedr. Wilh. Kober**. Alt-Suhl wird dem Beschauer darin wie aus **einem** Guß entgegentreten.

Auch für Suhl ist der sinnige Brauch der **Totenkronen** bis in die 70er Jahre zu erwähnen.

Südlich von Meiningen, in den Dörfern der Sülz, in den stattlichen uralten Ortschaften **Ober- und Unter-Maßfeld** und im **Jüchsegrund** gleichen die eigentlichen Gewandstücke denen des unteren Werratals. Auch die äußerst kleidsame weiße Konfirmations- und Abendmahlshaube findet sich hier (Tafel 11, Abb. 2). Das eigentliche Kirchenhäuble trägt die Frau und das Mädchen zwar von gleicher Form wie in Metzels, setzt es aber bedeutend weiter nach dem Hinterkopf zu.

Viel Aufwand wurde auch hier mit den tuchenen Zackenmänteln getrieben, „Bädstun'"-Mäntel genannt, nach der Betstunde, zu der sie angelegt wurden. Die Kirchenmäntel mit einem kleinen Halskragen hießen „Hackerle".

Abb. 38. „Schrumpelfritz" in Kloster Veilsdorf. (Nach Original-Photographie von Ober-Baurat Dr. Fritze in Meiningen)

Sehr anziehend ist die Schilderung der Hochzeitstracht in Spieß, a. a. O. S. 123 f. Der Verfasser erzählt hier, anscheinend in bezug auf sein Heimatdorf Obermaßfeld: „Auf dem schönen, meistens blonden Haar trägt die Braut einen kegelförmigen Aufsatz von rotseidenem Band, um welchen sich das Myrthenkränzlein schlingt ... Den Oberleib umschließt ein Jäckchen von feinstem Tuche, über welchem ein weißes Halstuch liegt; von den Hüften herab wallt ein faltenreicher schwarzer Tuchrock, über dem eine weiße Schürze. Ein feiner weißer baumwollener Strumpf mit künstlichen Modeln und ein enganliegender Zeugschuh umhüllt Unterschenkel und Fuß. Über dem ganzen Anzug hängt ein schwarzer Tuchmantel mit ausgerandetem Kragen. In der Hand hält die Braut ein weißes, mit guten Spitzen reich besetztes Taschentuch. Außer Halstuch und Schürze ist alles schwarz.

Fast ebenso wie die Braut sind die Brautjungfern gekleidet. Ihre Röcke sind von dunkelgrünem Tuch mit doppeltem, hellgrün-seidenem Band am unteren Rande, der Mantel gewöhnlich blau.

Der Bräutigam trägt schwarzen Rock und Hose, schwarzseidne Weste und Zylinderhut. Das Kränzlein hat er am rechten Arm. Die Burschen tragen blaue Röcke, dunkle Tuchhosen und Zylinderhut, auf welchem ein großer Rosmarinstengel prangt. Die Frauen sind ähnlich den Mädchen gekleidet, nur dunkler, statt des Kränzleins tragen sie eine Haube.

Sonst hatten die Männer die altfränkische, recht malerische Tracht: Dreimaster, bis an die Hüften herabreichende damastene Weste mit kugelförmigen, eng aneinanderstehenden Knöpfen, langen, dunkelblauen Tuchrock mit Stehkragen und einer Reihe scheibenartiger Knöpfe von Neusilber, eine bockslederne, bei der Kommunion und bei großen Feierlichkeiten schwarzseidene Kniehose, blaue oder weiße baumwollne (bei großen Feierlichkeiten ebenfalls schwarzseidene) Strümpfe und Schuhe mit silbernen Schnallen.

Die Weiber gingen in Schuhen mit hohen Absätzen und trugen Hauben mit einer langen Spitze, die weit bis in die Stirn hineinreichte . . ."

Der Verfasser gibt in der Vorrede als Mittelpunkt seines Forschungsgebietes die Gegend „zwischen Salzungen und Themar" an. Die Schlußbemerkung über die spitze Stirnschneppe weist allerdings auf die kürzlich verschwundene Tracht der Gegend von Barchfeld-Breitungen, doch könnte immerhin zur Zeit der Herrschaft des „Napoleonhutes" die Sitte der Stirnschneppe sich weiter südwärts ausgedehnt haben.

Nicht staatlicher Verband und politische Grenze haben die Tracht der alten eisenhämmernden Waldnester Zella-Mehlis beeinflußt. Seit dem 16. Jahrhundert gehörte das Gebiet des heutigen Doppelorts zum großen Teil dem sächsischen Amt Schwarzwald an; man sollte also nordthüringische Gewandung hier vermuten. Und doch herrschte im Quellgebiet der Hasel und des Lubenbachs bis in die 70er Jahre die gleiche Tracht wie in den benachbarten westlichen und südlichen althennebergischen Orten Benshausen, Schwarza, Steinbach-Hallenberg (vgl. unten): Zur Abendmahlsfeier die Oberziehhube mit weißer Schürze und weißem Halstuch; die Werratalshaube („Stutze"), daneben als „alte" Haube freilich auch die breite Thüringer Kirchenmütze. Vom „Bängerheid" der Bräute wissen auch die ältesten Frauen nichts mehr; dagegen ist der Spanische Mantel („Krückenmantel") zu Großmutters Zeit noch getragen worden.

Seit Menschengedenken haben also die beiden Städtchen nichts Eigenartiges in Gewandung aufzuweisen. Was uns diese Orte für unsere Trachtenkunde wichtig und interessant macht, liegt zurück hinter der Erinnerung der Jetztwelt.

Die beiden fleißigen Thüringerwald-Forscher Mosch und Ziller bringen auf der ersten Trachtentafel ihres Werkes eine durchaus unkünstlerische, aber als „Urkunde" unschätzbare Abbildung (wiedergegeben in unserer Tafel 16, Abb. 2) einer Zella-Mehliser Frauentracht. Beide abgebildete Figuren tragen Faltenrock und Jacke (Motze), beide eine weiße Schleierkapuze, die den ganzen Kopf einschließt, tief auf die Schultern fällt und das Gesicht wie ein Schutenhut umrahmt. Das Kleid und die Schürze der verheirateten Frau sind schwarz, ebenso ihre Halskrause und der Teil der Haube (?), die am Hinterkopf unter dem Schleier hervorschaut. Die Strümpfe sind weiß. Höchst eigentümlich ist die Farbenzusammenstellung des Mädchengewandes. Dies Kleid ist himmelblau. Aus dem ganzen Thüringer Trachtengebiet ist mir kein zweites Beispiel eines blauen Kleides bekannt geworden. Sehr wirkungsvoll hebt sich von dieser sanften Farbe das leuchtende Rot der Strümpfe, des Stirn- und Halsbandes ab. Die weiße Schürze verdeckt die Vorderseite des Rockes. Ein schwarzer Mantel („Kappe") hängt über der rechten Schulter. Die Verfasser versichern, daß die erstere Tracht selten, die zweite schon ganz erloschen sei (1813). Diese Gewänder gehörten in ihrer Blütezeit also der zweiten Hälfte des 18. Jahrhunderts an.

Werraaufwärts von Meiningen aus verschwinden die Schneppen an den Frauenkappen. Für die Haube der alten Breitunger Ortschaften war sie noch bezeichnend,

Wasungen kennt sie nicht mehr, doch läuft die alte Meininger Bürgerinnenhaube, die „Küppelmütze", noch schneppenförmig-spitz aus. Das Hennebergische Museum in Meiningen birgt wahre Prachtexemplare dieses altpatrizischen Bürgerstaates. Ein „Küppel" ist das Haarnest auf dem Frauenkopf, das durch die Haube bedeckt wurde. Die Form der Küppelmütze ähnelt der der alten breiten Werratalhaube. Diese städtischen Hauben sind mit kostbarem Goldstoff überzogen; eine derselben prunkt außerdem mit prachtvollen weißen, goldbroschierten, mit Goldspitzen umrandeten Bändern. Eine zweite Küppelmütze hat als Mittelpunkt in Goldstickerei ein seesternartiges Motiv; zwischen den Strahlen sind gefaßte Glas-„Edelsteine" aufgenäht. Schleifen aus Goldtressen fallen in den Nacken. Die ganze Haube ist mit Goldspitzen eingefaßt.

4. Zwischen Meiningen und Barchfeld

Preußisches und ehemals meiningisches Landesgebiet kommt ungefähr in gleicher Ausdehnung auf dieser Strecke in Frage. Abgesehen von dem schmalen Wiesengebiet der Werra mit uralten Siedlungen: Meiningen, Walldorf, Wasungen und dem Dreiblatt Alten-, Frauen- und Herren-Breitungen liegen die Ortschaften fast alle in den Bergen, bis vor kurzem vom großen Verkehr getrennt; hierdurch und auch infolge des streng-kirchlichen Sinnes halten sie treuer an altem Brauch fest. Die schlanken Frauen und Mädchen tragen noch häufig die grüngebänderten „Hessenröcke" und umbinden den Kopf mit dem breiten Heidlappen. Noch in den 90er Jahren sah ich junge Mädchen, gassenbreit eingehenkelt, durch die Straße von Steinbach-Hallenberg schlendern, das leuchtendrote Bängerheid auf den hübschen Köpfen.

Trotz des zunehmenden Fremdenverkehrs der letzten Jahrzehnte hat sich bis an den Gebirgsrand die Tracht auch bei der Jugend als Sonntagsstaat vielfach erhalten, abgesehen von den Kappen. Dies ist vor allem den Bemühungen einzelner Lehrer zu verdanken, deren für Heimatschutz und Heimatpflege segensvolles Wirken jedem beim Durchwandern, besonders der meiningischen Dörfer nordwestlich vom Dolmar, in die Augen fällt beim Betrachten der farbenprächtig in altfränkischer Art wiederhergestellten Bauerhäuser. Auf Grund der einst vorbildlichen, jetzt leider in alle Winde zerstreuten Trachtensammlung des Lehrers Christian Schlag (†), dessen eigener Mitteilungen und anderer in der Gegend gesammelter Erkundigungen kann ich eine genaue Übersicht der Volkstracht des Gebietes geben.

Zum Festgewand der Frauen gehörte das glatte Achselhemd („Osselhöm") mit wenig Gernen (Zwickeln); auf den Tanzboden und den Anger das „Danzhöm", darüber das „Müder" mit aufgestrüffelten Ärmeln, weiß bestickt. Dann kam das Tuchmieder („Wulstleib"), darüber der Falten-Tuchrock mit grünem glatten Band, in späterer Zeit mit Litzen besetzt. Preußen (Christes, Kühndorf, Steinbach-Hallenberg) hatte kurze, Meiningen (Metzels, Walldorf) lange Röcke.

Wunderschön paßten hierzu die dunkelgrünen Tuchjacken mit weiten Schinkenärmeln, besetzt mit grünen Litzen und unendlich vielen Perlmutterknöpfchen.

Um den Hals lag schmal ein weißes Tuch, das unter dem „rosigen" Blumenlappen hervorschaute. Ein besonderer Staat war auch die bunte halbseidene Schürze (das „Schürztuch").

1 2 3

1. Drei farbige Hauben („gerupftes“ Sperrheid) aus Etterwinden (Werratal)

2. Ruhlaer Trachten

Beim Tanz zog man die Jacke aus; dann kamen das blütenweiße Müder und der blumige Halslappen zu voller Geltung. Auf dem Kopf trug das Mäjen die Kappe, die es gewöhnlich mit dem Kopflappen vertauschte, wenn es beim Tanzen zu heiß wurde.

Nicht weniger „stolz“ und bunt ging der Kirmseburſche einher. Im hinten geschlossenem „Höm“ mit umgeschlagenem Kragen, kurzer Jacke, langer Tuchhose (in alter Zeit lederne Kniehose), buntseidener Weste („Leib“). Auf dem Kopfe thronte die „Schief“- oder „Schildkappe“ mit angeheftetem künstlichen Strauß, Rosmarinstengel und langen bunten Seidenbändern an der Seite. Schwarze Lederschuhe mit Schnallen und weiße Strümpfe gehörten auf den Festplatz. Den Hauptputz bildete als Gabe der Platzjungfer ein großes seidenes Blumentuch, das dem Burschen an die linke Seite der Jacke geheftet wurde; es reichte bis zur Kniekehle. Diese Tücher trugen die jungen Frauen dann später als Kopflappen.

Das besondere Abzeichen für Braut und Bräutigam war das „Bännerhoad“, die Brautkrone (Abb. 39). Die Brautkronen waren in Metzels auffallend klein; ich sah eine, die sinnig auf dem Scheitel in einer Rose gipfelte. Dem Burschen wurde das Krönchen auf den Kopf geleimt oder gesiegelt (!).

Die Braut trug zur Kirche schwarzen Rock, Jacke und Schürze, um den Hals weiße „Zacken“. Den Anzug verhüllte der „Brettlesmantel“ mit der prächtigen bunten Brautschleife („Bräutzugk“), der dem „Nünsterzipfel“ in Steinbach-Hallenberg und in Tabarz gleichkam.

Abb. 39. Braut- und Gevatterinnenhaube aus Steinbach-Hallenberg

Brautringe von Gold und Silber gab es zwar früher; jetzt sind sie aber abgekommen. Das Museum in Metzels bewahrte Trauringe mit hübschen Sinnbildern: verschlungene Hände; zwei Hände, die ein Herz halten.

Die Abendmahlstracht der Frauen in der Gegend um Metzels-Walldorf war düster-ernst: schwarze Kappe mit weißen „Zacken“ ohne Kopflappen. Der Anzug natürlich schwarz mit weißem Halstuch und schwarzem Schurztuch. Auch zur tiefen Trauer war „uf den Sonntig“ ganz schwarzer Anzug mit schwarzem Lappen vorgeschrieben; bei der Trauer um entferntere Verwandte genügte graues oder blaues Gewand.

Eines schönen Brauches rings um den Dolmar muß ich noch gedenken: der Totenkrone, die man jeder Jungfrau auf die Totenlade — den Sarg — legte, während er auf den Friedhof getragen wurde. Dieser Schmuck, der wohl sinnig die im Leben des Mädchens nicht erreichte Brautkrone verkörpern sollte, war ähnlich wie das „Bängerheid“, nur in weit größerem Maßstab gefertigt. Er bestand aus mehreren Drahtreifen, die unteren weit, die oberen enger, die untereinander durch Drahtstäbe verbunden waren. Von diesem, mit Papier umwundenen Gestell sah man nichts, denn es war umgeben und verhüllt von künstlichen Blumensträußchen, kettenartig angereihten Glasperlen, zu bunten Rosetten zusammengesetzt. Farbenbunte grüne und rote Bänder, golddurchwirkt, umfaßten den unteren Ring und hingen als Schleifen herunter. Schade, daß auch diese schöne Sitte aufgegeben worden ist! (vgl. Saalfeld).

5. Kanzlergrund

Die Besucher des Kanzlergrundes und seiner „hufschmiedend-eisenhämmernden“ Ortschaften Steinbach-Hallenberg, Ober- und Unter-Schönau, Rotterode, und der Ortschaften nordöstlich von Schmalkalden, Floh-Seligenthal und Schnellbach, konnten sich noch vor wenigen Jahren an zahlreichen Resten der Volkstracht erfreuen. Auch heute noch (1920) haben die wenigsten Frauen ihr Volksgewand völlig abgelegt. In höchst wirkungsvoller Weise tritt dies vor allem vor Augen bei Leichenzügen. Zwar ist der eigentliche schwarze tuchene Traueranzug verhüllt, aber gerade diese Hülle, der vorn in tiefen Falten zusammengefaßte dunkle Kragenmantel, wirkt eigentümlich malerisch. Dazu der so kleidsame, schmal gelegte dunkle Heidlappen vor dem straff emporgekämmten und als hochgestecktes Zopfnest über dem Tuch hervorschauenden Haar. Diese Wälderinnen haben alle eine eigentümlich freie stolze Haltung und einen leichten Gang, trotz der schweren Feldarbeit. Und wie sinnig in Farbe und Anordnung hat sich das Völkchen die übrige Gewandung ausgestaltet! Diese Dörfer gelten, trotz aller Übergriffe, wie Wilddiebereien, Trunksucht und anderer gelegentlicher Ausschreitungen, als streng kirchlich. Da ist es verständlich, daß sich die Nachtmahlstracht besonders charakteristisch gestaltet und bis vor kurzem noch rein erhalten hat. Das Bezeichnende an dieser Tracht ist die dreifache „Hube“ (Haube). Zunächst wurde die farbige Sonntagshaube aufgesetzt; darüber kam die „Oberziehhube“ aus weißem Mull mit den angenähten, bis tief ins Gesicht reichenden, schleierartigen Preßfalten. Über dieses Gebilde stülpte man noch eine kleine dunkle Hube, die den Scheitel der Oberziehhube zum Teil verbarg (Abb. 40). Reiche Schleifen aus schön gewässertem Zackenband bildeten den übrigen Schmuck. Rock und Jacke waren natürlich schwarz; die Schürze durfte buntgestreift sein (Abb. 19, Fig. 1). Auch die Konfirmandin, die

Abb. 40. Abendmahlstracht von Springstille (Werratal). Nach einer Ansichtskarte im Verlag von L. Oehring in Schmalkalden

zum erstenmal das Nachtmahl mitfeierte, durfte sich dabei mit der duftigen Haube schmücken. Das junge Mädchen legte um die Oberziehhube ein wertvolles, weißseidenes, voll geknüpftes Band, ein Geschenk ihrer Pate.

Von der Konfirmation bis zum Traualtar durfte die Jungfrau den „Nünsterzipfel" an der Jacke tragen — wieder ein Beweis starker kirchlicher Zucht. Der malerische Brettmantel vollendete die Würde des Anzugs.

Der Ehemann und Bursch trug zu dieser Feier den besten Festtagsanzug, dessen Obergewänder (langer Bratenrock oder kurze Jacke und die seidene hohe Weste) sehr reich mit großen blanken Metallknöpfen besetzt waren. Die lederne oder leinene Kniehose wurde seitlich geknöpft und schloß sich, unten fest mit Schnüren gebunden, an die weißen Strümpfe an, die über den Schnallenschuhen leuchteten. Unter dem breiten Umschlagkragen des frischen Leinenhemdes lugte der seidene Halslappen hervor. Den Kopf deckte die hohe breite Schirmmütze.

Abb. 41. Heidlappen im Tal der Schmalkalde

Im vollen Gegensatz zu diesem feierlichen Gewandganzen stand die im heißen Liebesrot flammende Brautkrone des Bängerheids (Abb. 39). Es ist weit lockerer im Aufbau gehalten, als das „Flitterheid" der Waldsaumstraße und des Moorgrunds, prangt aber in denselben ungebrochen-grellen Farben. Von diesem bunten Hauptschmuck stach das feierliche Schwarz des übrigen Anzugs und des Mantels um so mehr ab.

Sehr kleidsam war der Sonntagsstaat der Frauen im Schwarza-Schönau-Grund. Schwarzer Samt und Silberstickerei waren sowohl an der Jacke wie an der Haube wirkungsvoll verbunden. Dazu stimmte fein der russisch-grüne, mit hellgrünem Band besetzte Faltenrock.

Eine der anmutigsten Trachten besaß Klein-Schmalkalden in seiner Konfirmandinnenhaube, die aufs kunstvollste aus blau-silbernem Brokat, Silberspitzen und blauem Seidenband hergestellt war. Wie reizend diese Schöpfung der Volkskunst ein junges Gesichtchen umrahmte, zeigt Tafel 13, Abb. 2. Oberziehhube, „gerupfte" oder mit äußerst zart und geschmackvoll gestickten Perlenblumen gezierte Mützenläpple schmückten die Hauben (in Sperrheidform) auch im Tal der oberen Schmalkalde. Die Art, wie dort die Frauen den Heidlappen knüpfen, zeigt das Bild der Frau Dietz (Abb. 41).

6. Schmalkalden, Breitungen

Die Form der städtischen Bürgerhauben aus der ersten Hälfte des vorigen Jahrhunderts wiederholt sich von Ort zu Ort, von Museum zu Museum. Überall stehen die Schmuckbänder kronenartig auf der Rückseite der Haube in die Höh'. Als Beispiel sei hier die Abbildung einer Waltershäuser Bürgerinnenkleidung gegeben (Abb. 42). In Stadt Schmalkalden war diese Anordnung sehr geschickt mit der volkstümlichen Schneppenform verknüpft, wie aufs deutlichste aus dem im Museum der Wilhelmsburg in

Abb. 42. Waltershäuser Bürgerinnentracht der Biedermeierzeit

Schmalkalden befindlichen Bild einer Handwerkersfrau hervorgeht (Abb. 43). Ich verdanke die von Herrn Hofphotograph Stitz vortrefflich ausgeführte Wiedergabe des Bildes der Vermittlung des Herrn Fachlehrers Pistor, einem der besten Kenner Henneberger Volkstums. Fast wie Fledermausflügel gerippt, legt sich diese „Tukkartsmütze" mit der spitzen Schneppe über der Stirn eng an den Haarscheitel. Ein buntbroschiertes Seidentuch hebt den Sonntagsstaat hervor.

Außer dieser der Stadt Schmalkalden eigentümlichen Tukkartsmütze besitzt das Henneberger Museum noch einige andere festliche und werktägliche Kopftrachten der Bürgerfrauen; vor allen verschiedene prunkvolle Hauben in der Form der Thüringer Kirchenmütze mit breiter Stirnschneppe, die der Ausstattung nach höchstwahrscheinlich als Brautschmuck gedient haben. Sie sind auf starke Leinwand gearbeitet und hinten in wenige steife Falten zusammengezogen. Der Überzug besteht aus geblümter oder Brokatseide, fast überdeckt mit Silbertressen. Die Bänder sind durch meterlange silberne Litzen oder Schnüre ersetzt; weiße breite Spitzen umranden die Stirnseite.

Ferner waren im Schmalkaldischen Mützen von der Form der „Saumagen" üblich, aber in der dreifachen Größe wie im Ringgau. Die Unterlage ist durchsteppte Leinwand, mit buntem, zum Teil mit Perlenblumen gesticktem Kattun überzogen. Schmales Seidenband faßt den Rand ein.

Endlich schmückten sich die Schmalkalder Frauen zur Biedermeierzeit mit den noch jetzt im Werratal beliebten „Schauben" (Schuten, Gäulsköpf; Abb. 37) aus feinem Strohgeflecht oder, zum Festtag, aus ganz leichter durchsteppter graugrüner oder olivgrüner Seide.

Der seit alters höchst wichtige kirchliche Hauptort Breitungen (Alten-, Herren-, Frauen-Breitungen), der Mittelpunkt der alten Breitunger Mark, mag noch heute als Vertreter eines Trachtengebietes gelten. Herrn Rektor L. Läsſer in Altenbreitungen und seiner Familie verdanke ich sowohl unmittelbare Auskunft über die Tracht der Gegend wie die Bekanntschaft solcher Personen, die die alte Volkskleidung noch bei ihren Großeltern gesehen hatten.

Auch in Breitungen drängt sich wieder die oben ausgesprochene Ansicht auf, daß Trachten längs der alten Straßen wandern. Eine ältere Breitunger Frau sagte mir recht anschaulich: „Großmutter trug die lange Schneppe (an der Haube), Mutter die kurze, die neue Spitzhaube ist ganz ohne Schneppe." Diese Großmuttermütze ist die breite Steinbacher Mütze, in Steinbach selbst „Hörnermütze" genannt. Über Messer-Steinbach (bei Liebenstein) aber lief längs der alten Grenze die Straße nach Thüringen (Ruhla); damit ist ganz klar der Weg und die Herkunft des Thüringer Trachtenstückes erwiesen.

Die Abendmahlsmütze hat die gleiche Form wie die Steinbacher Haube; sie wird in Breitungen „Sperrheid" genannt. Diese Haube war aus durchsteppter Leinwand gefertigt; vorn wurde ein breiter, in Quetschfalten gelegter steifer Streifen vorgebunden, der das ganze Gesicht beschattete. Darüber, d. h. um den eigentlichen Kopfteil, befestigte man ein breites, weißseidnes Band, dessen Enden über den Nacken fielen. Ein weißes Schürztuch und ebensolches Brusttuch gehörten zu dieser äußerst wirkungsvollen Abendmahlstracht, die noch vor 50 Jahren bei einzelnen Frauen gang und gäbe war (Abb. 44).

Die alte Breitunger Kirchenmütze hatte eine außerordentlich lange und spitze Schneppe; diese hatte der Volkswitz sehr treffend „Minutenzeiger" getauft. Gern wählte man dazu als Überzug die eigentümliche, mit lila Sträußchen besprenkelte Leinwand, der wir auch auf dem Eichsfeld begegneten. Diese Haube wurde ohne Heidlappen getragen. Bis etwa zu Anfang dieses Jahrhunderts hat sich alt und jung mit den spitzen „Stutzen" des Werratals geschmückt. Die geschickten Hände des „Mützengretchens" sorgten stets für neue und geschmackvolle „Läpple" mit Perlenblumen-, Silberdraht- und Metallplättchenstickerei. Aufrecht stehende Spitzen („Zacken", daher „Zackenmütze") gestalteten diesen Kopfschmuck recht kleidsam. Leider ist die hübsche Breitunger Mütze zu Ende des vergangenen Jahrhunderts durch das Verbot eines Geistlichen abgeschafft worden! Besonders geschmackvoll und einheitlich wirkte diese Tracht dadurch, daß Mützenläpple und Schürztuch in der Farbe übereinstimmen mußten.

Abb. 43. Schmalkalder Handwerkerfrau in der „Tukkartsmütze". (Nach einem Gemälde auf der Wilhelmsburg in Schmalkalden)

Der Biedermeierzeit gehören die Bilder des Ehepaars Krech (Abb. 45) an, deren angesehene Familie noch jetzt in der Breitunger und Wernshäuser Gegend verbreitet ist. Der Ehemann trägt den dunkeln Sonntagsrock und die hohe Weste mit zwei Reihen Knöpfen.

Die Frau hat den Faltenrock angelegt nebst der Jacke mit Schinkenärmeln und rundem, ringsum paspe-

Abb. 44. Sperrheid aus Breitungen

lierten Schulterkragen. Aus dem runden weiten Halsausschnitt schaut das faltig gelegte, zweifarbige Brusttuch hervor, darüber der schmale Streifen eines weißen Tüchleins. Den Kopf schmückt die spitze Bänderhaube, die aber weit auf den Scheitel hinaufgerückt ist. Schwarze Spitzen stehen seitlich am Hinterkopf ab, und ein eigentümlicher Tuff von klaren Spitzen verdeckt die Vorderseite der Haube. Der ganze Anzug, besonders auch das in die Stirn gescheitelte Haar, erweckt den Eindruck, als sei eine Bürgersfrau dargestellt.

7. Der Winkel zwischen Gerstungen, Salzungen und der Werra; das Amt Sand; der Moorgrund

So verschiedenartig der Wohlstand und die Lebensweise der Bevölkerung in dem eben umschriebenen Gebiet war — Kupferbergbau und Waldverdienst im Gebirgsanteil, Acker- und Tabakbau, hier und da starkes Fuhrmannswesen in den Tal- und Randdorfschaften —, so trug doch hoch und niedrig in den Dörfern bis in die 80er Jahre den gleichen Gewandschnitt; nur durch den mehr oder weniger kostbaren Stoff unterschied sich die Kleidung des Bessergestellten von der des ärmeren Nachbarn.

Im allgemeinen trifft man auch heute noch mancherlei Anklänge an die Kleidung der Vorfahren: Samtbesetzte Faltenröcke, dazu passende Jacken und bei alten Frauen wohl auch noch den Heidlappen und die Bätzel, letztere aber niemals bei jungen Mädchen. An manchen Orten sind die Nachrichten über Einzelheiten (z. B. die Flitterkrone, die Samtbätzel beim Abendmahl) verwischt. Da diese eigenartigen Stücke im ganzen Gebiet, wenn auch verstreut, auftauchen und von vielen ganz alten Leuten bezeugt werden, kann man sie mit Sicherheit der alten Tracht zuzählen.

Ich werde die wichtigsten Gewandstücke nachfolgend beschreiben nach der Schilderung alter Frauen, die mir ihre Ladenschätze bereitwillig zeigten. Das „Osselhemd" und das Tanzhemd sind überall bekannt. Letzteres ersetzte durch die Steifheit der starken Leinwand die Unterröcke (!). Man kannte zweierlei Röcke. Zunächst den meist schwarzen Faltenrock (Fálenrock), der von oben bis unten faltig fiel. Letzteres wurde dadurch bewirkt, daß in halber Höhe des Rockes die Falten innen nochmals durch starken Zwirn zusammengefaßt waren.

Die Falten des „Sperrocks", der meist von Jüngeren getragen wurde, fielen unten auseinander; „Schnur" (Band) bildete, einfach oder mehrfach übereinandergesetzt, den

Abb. 45. Das Ehepaar Krech aus Frauenbreitungen (Biedermeierzeit)

Besatz. Das „Liebchen" oder der „Wulstleib" (an der Waldsaumstraße Schnürmieder) wurde über das weiße Leinenmieder gezogen. Das „Liebchen" war mit Leinwand gefüttert und hatte über den Hüftknochen je einen Wulst („Kessen", Kissen) zum Halt des Rockes. Vorn war es mit Knöpfen geschlossen. Es gab aber auch solche, die seitlich (unter den Armen abwärts) mit Riegeln („Fingern") versehen waren. Diese hatten die Aufgabe, das Brusttuch über dem Leibchen festzuhalten. Die Strümpfe der Frauen mußten aus schwarzer oder grauer Wolle sein, mit schwarz-weiß eingestickten Zwickeln. Junge Mädchen trugen dagegen kunterbunte Strümpfe, zuweilen neun-(!) farbig.

Die Kopftracht. Außer den schmal um das Zopfnestchen gelegten Heidlappen und dem Schaubhut kannte man allerwärts zwei verschiedene Bätzeln. Die ältere war breit und erinnerte an die Thüringer Kirchenmütze (Tafel 12, Abb. 2; Fig. 3), mit langer, spitzer Stirnschneppe. Das Mützenstück „beunt" (bunt) aus bedrucktem Woll- oder Baumwollstoff wirkt meist schlicht. Doch fand ich in einem reichen Bauernhaus in Burkhardsrode auch einige Prachtstücke aus weißem schillernden Atlas. Eine dieser Bätzeln zeigte in künstlerisch vollendeter Chenillestickerei fleischrot abschattierte Rosen mit moosgrünem Blattwerk; die zweite ein buntes zweiteiliges Blumenstück; eine andere war mit Brokat überzogen und mit Paillettenstickerei verziert. Diese breiten Bätzeln waren mit schwarzem Band umlegt, das hinten in Schleifen bis zum Gürtel herabfiel; vorn wurden die Hauben mit Kinnbändern geschlossen.

Abb. 46. Dankmarshäuser Trachten

Außerdem gab es eine spitz zulaufende Bätzel, deren Mützenstück innen lag (Tafel 12, Abb. 2; Fig. 1 und 4). Doch wird auch für das „Sperrheid" der Name „Stutze" zuweilen genannt. „Stutzen" hießen die tütenförmigen Behälter, in die die Harzer das Harz aus den Fichten scharrten.

Die Stutzen erinnern durchaus an die angrenzende hessische Rhöntracht. Wochentags wurden keine „Schnüre" (Bänder) an den Stutzen getragen, desto reicher waren die Sonn- und Festtagsstutzen damit versehen. „Geraffte" (anderswo „gerupfte") Mützenstücke sind nach dem Gebirgsrand zu verbreiteter als gegen die Werra hin. Wieder sah ich in Burkhardsroda wahre Prachtexemplare von in allen Farben schillernden Mützenstückchen aus Seidenband. Zum Sonntagsstaat der Dankmarshäuser Mädchen und Frauen gehörten Stutzen mit ganz breiten Backenbändern. Je mehr durch festes Binden die roten Backen hervorgedrängt wurden, desto schöner dünkten sich die jungen Besitzerinnen. In Etterwinden und in den südlichen Orten am Gebirge wird das Mützenstück überall „gerupft" (Tafel 9, Abb. 1).

Bis in die 70er Jahre ist noch der malerische Brautanzug getragen worden. Die Braut trug das Osselhemd, darüber das „Midder". Das Liebchen war aus bunter, meist grüner Seide; der schwarze Fálenrock aus schwerem „Rasch" oder „Gezigk" mit schwarzem Band besetzt. Die Röcke der Brautjungfern hatten dafür grünes Band. Die Jacke war aus schwarzem Orleans oder dunkelgrünem Tuch mit Puffärmeln und samteingefaßtem

1. Mädchen aus Milz (Werratal)

2. Alte Suhler Kirchentracht

Abb. 47. Festtrachten um Lauchröden (Werratal) mit Weimarischen („Gothaischen") Mützen

Kragen. Den Kopf bedeckte das Schnürheid, umgeben vom Rosmarinkränzlein; breite schwarze und rote Bänder fielen vom Heid über den Rücken bis in die Kniekehlen, ähnlich wie der Nünsterzipfel in den Schwarza-Schönau-Dörfern. Am zweiten und dritten Festtag der Hochzeit durfte die Braut nur einen künstlichen Blumenkranz tragen. Das „Flitterheid", wie es nördlich vom Wald für Bräute gebräuchlich war, gebührte im Werratal den Brautjungfern. Das Schnürheid in Frauensee, Dönges usw. war weit einfacher und ohne Rückenbänder. Dafür wurde zur Hochzeit am Rücken der Jacke ein mächtiger roter Schleifenbusch angenäht. In Kießelbach wurde das Haar unter dem Schnürheid in drei kleinen Zöpfen auf dem Scheitel zusammengesteckt.

Den Hals der Braut umgab die „Krüssel" aus weißen dichten Spitzen. Darunter schimmerte die „Nuster" (paternoster), d. h. ein Halsband aus schwarzem Samtband, auf das Filigran- und andere Schmuckstücke, oft mit Anhängern aus Edelmetall, „geflickt" waren. Auch Nustern aus Glasperlen, oft bis 14reihig, waren sehr beliebt. Über Bernsteinketten hörte ich nur aus Dankmarshausen (Tafel 11, Abb. 2 und Tafel 12, Abb. 1 und 2).

Recht bemerkenswerte Einzelheiten sind über die Abendmahlstracht zu berichten. Wie allerwärts in Thüringen ist die Verbindung von Schwarz und Weiß dafür bezeichnend. Etwas ganz Besonderes ist aber die weiße Jacke, die in und um Burkhardsroda zur kirchlichen Feier angelegt wurde, und die so wirkungsvoll durch die weiße Schürze und die schwarze breite Samtbätzel ergänzt wurde. In Dankmarshausen setzte man dagegen eine weiße Battisthaube unter die Stutze, hüllte die Schultern in den weißen „Abendmahlslappen“ und tat die schwarze Schürze vor den Rock. Von der Hessengrenze bis über den Wald nach Ruhla und Brotterode sind zu feierlichen Kirchgängen, wie Abendmahl und Hochzeit, stets halblange, weiße gestrickte „Kerchenhentsch“ (Kirchenhandschuhe) getragen worden; gewiß eine bewußte Betonung des ernsten kirchlichen Sinnes.

Recht würdevoll vollendete auch hier, im Moorgrund (Möhra, Gumpelstadt usw.), stets der oben beschriebene Bretter- oder Spanische Mantel (der seit den 80er Jahren statt des Brettes oder Joches mit einem kleinen Kragen ausgestattet wurde) die Tracht bei jedem frohen und ernsten Fest (Abb. 47).

Über die Männerkleidung ist nicht viel Eigenartiges zu erzählen, sie ist längst verschwunden. Auch die ältesten Männer und Frauen entsinnen sich nicht mehr, Dreispitze gesehen zu haben, sie kannten sie höchstens aus den Erzählungen der Urgroßväter. Eine sehr hübsche Kniehose, die aus Dankmarshausen stammte, war aus ganz starker weißer Leinwand gefertigt und wurde seitlich mit blanken Messingknöpfen geschlossen, die von oben bis unten ganz dicht nebeneinander gesetzt waren. Dazu hatte ein flaschengrüner Rock gehört.

Diesem Trachtenabschnitt müssen wir auch noch das ehemals weimarische Amt Sand zurechnen, das bis auf einen wichtigen Punkt mit den östlich und nordöstlich angrenzenden Gegenden übereinstimmt.

Man zeigte mir als typisch für das Amt in Rosa die breit-niedrige Haubenart des Moorgrundes mit gerupftem Rückenteil. Die festlichen Hauben waren aus Seidendamast, wohl auch perlenbestickt.

Bis in die 40er Jahre trug im Rosatal die Braut das Bängerheid mit dem rosmarinumsponnenen Flitterkranz. Der tuchene Brautrock war schwarz, die kurze Jacke aus starker schwarzer Seide.

Die ernste Feier des Abendmahls wurde hervorgehoben durch die weiße Spitzenkrause der Haube und den schweren Tuchrock mit Perlenbesatz.

Rock und Leibchen sind nach hessischer Art verbunden, im Gegensatz zu der Zweiteilung dieser Gewänder in Thüringen.

In dieser, bis in unsere Zeit fern vom regen Verkehr liegenden Gegend, hat sich der Flachsbau lange erhalten. Prachtvolles „Bild“leinen zeugt noch heute von der Kunstfertigkeit der dortigen Weber.

8. Zwischen Eisenach und der Werra

Die ehemals weimarischen Dörfer längs der Hörsel, Sallmannshausen, Neuenhof, Lauchröden, Göringen, Hörschel, zeigen die charakteristischen Mischungsmerkmale der Grenzgebiete. Man findet das Zwickel- („Gern“-) Hemd, das „Ossel“-Hemd ohne Ärmel, das weite Tanzhemd; die „Fálenröck'“ von schwerem, schwarzem oder dunkelgrünem selbstgesponnenen „Rasch“ oder feinem „Finell“. Die Jacke hatte einen breiten Oberkragen mit Fransen. Das weiße Mieder war schön bestickt oder mit Durchbrucharbeit verziert.

Das „Liebchen“, getrennt vom Rock, bestand aus Tuch oder Baumwolle und wurde vorn mit Riegeln geschlossen. Zum Mieder und Liebchen trug man die „Roselappen“

(Blumentücher), das bunte Mittelstück mit lebhaft gefärbten Blumengirlanden umrandet. Zum Fest und auf den Tanzboden gehörten „wisse Strömpf“ und „Kumoden“ (ausgeschnittene Schuhe). Unterröcke waren in alter einfacher Zeit unbekannt; später putzte man sich desto mehr damit und legte zum Staat mindestens 4 bis 5 an.

„Ále Wiewer“ haben noch die breiten, niedrigen Kirchenmützen der Waldsaumstraße getragen. Daneben fanden seit den 40er Jahren die hohen, spitz zulaufenden Tütenmützen des Ringgaus Eingang. Sie wurden weit zurückgesetzt, dennoch reichte die Schneppe bis in die Stirn. Lange Rückenbänder und -schleifen zierten diese Bätzel; vorn wurde sie durch eine Kinnschleife gehalten.

Das „Schnürheid“ als Brautschmuck ist unbekannt. Zum ersten und zweiten Aufgebot trug die Braut einen Kranz von künstlichen Blumen (also doch vielleicht eine Erinnerung an die Schnürheid-Blümchen?); zum dritten Aufgebot und zur Trauung einen Rosmarin- oder Myrthenkranz.

Zum Abendmahl hatte man schwarze Mützen mit weißen Spitzen; sie wurden den Frauen auch im Sarg aufgesetzt.

Die alte Männerkleidung unterschied sich in nichts vom Brauch des übrigen Thüringen: Kniehosen, lange Strümpfe und Schnallenschuhe; langer Rock zu feierlichen Gelegenheiten, für gewöhnlich der blaue Kittel.

Hörschel hatte besonders anmutige Gewänder. Der feine wollene Finell der samteingefaßten Röcke erinnerte mit seinem schwarzen Muster auf grünem Grund an die Ruhler Kantelröcke. Die Jacke war kurz, mit Schinkenärmeln, das Mieder ganz derb und einfach geschnitten. Die „eckigten“ Bätzeln (wie die Kirchenmützen der Waldsaumstraße) waren mit vorzüglich schöner Stickerei geschmückt. Ich bewunderte besonders eine farbig ausgeführte Nelke auf weißem Grund in Hochstickerei und ein prachtvolles Blumenstück aus langen schmalen Glasperlen. Daneben gab es noch die tütenförmigen Bandbätzeln des Ringgaus, deren Mützenstück meistens aus einfarbigem Samt besteht.

Zum Nachtmahl trug man dunkeln Rock, weite weiße Schürze; um die Schultern ein großes, dreieckig gelegtes Tuch von feiner, weißer, spitzenbesetzter Leinwand. Dieses sowie der weiße Mullschleier, der über die Bätzel gezogen wurde, stimmt ganz zu der Abendmahlstracht des Ringgaus.

Alle diese Dörfer haben in den letzten Zeiten der Tracht (in den 60er Jahren) auch die Weimarische Mütze angenommen, die hier, im weimarischen Gebiet, aber die Gothaische Mütze hieß, wohl weil sie aus dem Nachbarstaat kam (vgl. Tafel 12, Abb. 1).

IV. Kapitel

Das Eichsfeld und der Ringgau

Das obere Eichsfeld, politisch zur Provinz Sachsen gehörend, ist das Bindeglied zwischen Hessen, Thüringen und Niederdeutschland. Das nördliche Untereichsfeld liegt außerhalb des Thüringer Sprachgebiets; da aber Duderstadt (Untereichsfeld) wie Heiligenstadt (Obereichsfeld) die gleiche Volkskleidung hatten, müssen wir das ganze Gebiet in unsere Untersuchung einbeziehen.

Ziemlich streng scheidet sich die Kleidung zwischen katholisch und evangelisch. Das Eichsfeld war im Mittelalter kurfürstlich-mainzisch — der Name „Mentz" ist noch heute häufig; in der Reformationszeit fiel das Land dem evangelischen Glauben zu, wurde aber später mit Hilfe der Jesuiten gegenreformiert. Die evangelischen Dörfer im Westen machen einen ärmlichen, z. T. verfallenen Eindruck. Da, wo überhaupt noch von „alter Tracht" die Rede war, wurde mir nur zögernd und ungern Auskunft erteilt, während die wohlhabenden Katholischen sichtlich gern ihre Kleiderschätze ausbreiteten und sich noch etwas auf ihre bunte Tracht zugute taten. Farbenfreudigkeit in den katholischen Gegenden, Ernst und Schlichtheit in den protestantischen — so charakterisiert sich auch hier wie anderwärts die Volkstracht.

1. Die Tracht der Katholiken

Die frühere Armut des Landes zwang die Bewohner vielfach zum Auswandern und sommersüber zur „Sachsengängerei", d. h. zum Aufsuchen von Verdienst in wohlhabenderen Gegenden. Viele Männer fanden bis in unsere Zeit als Musikanten oder als Hausierer ihr Brot, besonders mit Bürsten und Besen. Dadurch wurden Handelswaren nach Ost und nach West gegenseitig eingetauscht. Ein Anklang an jene Handelsverbindungen sind z. B. die Namen der aus Ostthüringen eingeführten Haubenbänder: vogtländische oder Pößnecker „Schnuren".

Die Werktagskleidung war der Dürftigkeit der Eichsfelderinnen angepaßt. Die Röcke waren wenig gefältelt. Aus selbstverfertigtem Leinen, gefärbt oder ungefärbt („steife" Röcke), nähte man sie; aus demselben Stoff bestand das Mieder (Liebchen) und die Jacke (Spenser).

Schuhe und Strümpfe kannte im Sommer das arme Eichsfeld der ersten Hälfte des 19. Jahrhunderts nicht; erst der harte Winter zwang zu derbwollenen Strümpfen und rindsledernen Schuhen. Später gab es verschiedenfarbige Strümpfe, je nach der Gelegenheit des Gebrauchs: werktags dunkel, sonntags blau, festtags rot und zu der Hochzeit und Kindtaufe weiß (K. Wüstefeld, a. a. O.).

Die ganze heitere Festfreude nach den saueren Wochen spiegelte sich dann im farbenfrohen Kleiderschmuck wider. Im leinen-wollenen „Taffet"-Streifenrock („Sträfenrock"), blau, karmesin, mit grünen Streifen, erschienen die Kirchgängerinnen. Dazu das ärmellose „Schnurmieder", vorn mit gleichfarbigen Bändern geschnürt, von heller, dunkler oder bunter Wolle, um die Brust- und Ärmelausschnitte farbig eingefaßt. Äußerst kleidsam wirkte darüber die weiße Spitzenjacke, durch die das Mieder schimmerte und die glatte leinene Schürze. Auch zu den Brusttüchern verwandte man feine, in den

Ecken mit bunten Blumen bestickte Leinwand. Eine reizende Ergänzung bildeten die weißen, buntbestickten dreizipfligen Kopftücher. Hierzu paßten hübsch die blauen Sonntagsstrümpfe und die „Kommoden" (Schuhe mit niedrigen Absätzen), die durch kreuzweis gebundene Bänder befestigt waren.

Karl Wüstefeld, der beste Kenner der Eichsfelder Tracht, beschreibt einen ähnlichen Anzug: Drei bis vier Röcke zog man übereinander; der oberste, „Trappenrock", schwarz, mit schmalen, roten Streifen, am Saum 2—3 cm lange Spitzen; ein Fuß über dem Saum ein 10 cm breites rotseidenes Band aufgenäht, das „Schnurband", daher „Schnurbandröcke". Kurze dunkle Jacke; Jungfrauen und Kinder rote Jacken und rotgestreifte Röcke. Bei der ersten Kommunion und bei sonstigen festlichen Gelegenheiten um die Schulter ein weißes, buntbesticktes Tuch.

Abb. 48. Turmmütze vom katholischen Eichsfeld

Als Hauptkopftracht war über das ganze Eichsfeld die „Schnurbätzel", auch „Storze", „Turm-" oder „Spitzmütze" genannt, in Breitenworbis und Umgegend „Bandmütze", verbreitet (Abb. 48). Sie wurde getragen von den kleinen, noch im Mantel geschleppten Mädchen, wie von den weißhaarigen Greisinnen. Hauptsächlich galt sie als Kirchentracht und ist als solche von einzelnen alten Frauen bis jetzt (1918) nicht aufgegeben worden. Das tütenförmig-spitze Grundgestell bestand aus leinenüberzogener Pappe. Die Storze ähnelt den hohen Mützen um Mühlhausen (Windeberg) und der Deesbacher Mütze, ist aber noch spitzer als die eben genannten. Von der spitzen Mütze des Werratals unterscheidet sich die Storze dadurch, daß bei dieser das Mützenstück tief innen liegt, während die fränkische Bätzel ihr Mützenläpple obenauf hat. „Schnuren" umwallten die Storze. Diese Bänder wurden staffelförmig um die Stirnseite gelegt, fielen in Schleifen und langen Enden über den Rücken und dienten, an den Wangenausläufern befestigt, als Schleifenschmuck unter dem Kinn. Die „Schnuren" waren mehr oder weniger kostbar; die schmaleren „Pößnecker" Schnuren kosteten 6 Taler, die breiten gewässerten (Moiree-) Bänder bis zu 10 Taler. Natürlich fehlte auch der künstlerische Schmuck nicht, das „Deckelchen" oder „Perlenstückchen", zart auf Leinwand oder Seide gestickt, oder von buntem Samt. Ärmere Frauen besaßen nur eine schwarze Turmbätzel (Abb. 48), wer es aber ermöglichen konnte, besaß einen Schatz von mindestens sechs Storzen in der Lade.

Das Vorrecht der Jugend war bunter Kopfputz, wobei das Rot vorherrschte. Diese Farbenpracht verschwand aber selbst beim Kirmsetanz auf dem Anger schon seit den 60er Jahren des vorigen Jahrhunderts. Ein 85jähriger Weber in Heyrode, nordöstlich von Mühlhausen, erzählte mir: Wenn ich als Junge von 9 oder 10 Jahren (also etwa i. J. 1835) mich in der Kirche umwandte, sah ich lauter bunte Bätzel, rote, blaue, grüne, gelbe.

Auch die durch den Ringgau verbreitete enganliegende, durchsteppte, weiße Leinwandhaube (Abb. 53) ist wenigstens im südöstlichsten Teil des Eichsfeldes (um Breitenworbis) getragen worden. Diese Kappen hießen sehr bezeichnend „Kachelhauben"; sie hatten ganz die Form der mittelalterlichen Ofenkacheln.

Der Thüringer Kinder- und Kirchenmantel wird auch auf dem Eichsfeld (hier „Schlattermantel" genannt) noch heute in den Dörfern allgemein getragen, in der runden Form, mit kurzem gekrausten Kragen, aus Kattun oder Tuch. Als eigenste Tracht darf das Eichsfeld die weißen, rundgeschnittenen Kirchen- und Brautmäntel (Abb. 49 und Tafel 14, Abb. 1) in Anspruch nehmen, bedruckt mit violetten Sträußchen. Man kennt dies äußerst kleidsame Gewandstück noch allerwärts, wenn es auch längst zum größten Teil zu Unterröcken verarbeitet wurde.

Abb. 49. Weißer Kirchenmantel auf dem Eichsfeld

Weiße gestrickte Handschuhe gehörten zu jedem kaholischen Kirchenanzug.

Von einer eigenartigen Eichsfelder Brauttracht habe ich nirgends etwas gehört. Die Braut erschien, je nach der Vermögenslage, im schwarzen Tuch- oder Seidenkleid, ein buntes Seidentuch übers „Liebchen", die rot- oder schwarzseidene oder wollene gefranste Schürze vor dem Rock. Weiße Strümpfe und „Kommoden". Der recht nüchterne Kopfschmuck bestand aus einem grünen Kranz mit Papierblumen; zuweilen auch aus dem Myrtenkranz (Wüstefeld, a. a. O.). Sollte die alte Zeit wirklich keine Braut-Flitterkrone gekannt haben? Wertvoller Schmuck hob die festliche Kleidung: das „Halsgeld" (Kette und Münzen) an breitem roten Band.

Von weiteren Hochzeitsgewändern erzählt Karl Wüstefeld (a. a. O. S. 92 ff.) sehr anschaulich: Die Hochzeitsbitter trugen den Galaanzug der dörflichen Männerwelt: Schoßrock von schwarzem oder blauem Tuch mit gelben Metallknöpfen bis über die Knie; kurze Kniehose und Schnallenschuhe. In der Hand hatten die Hochzeitsbitter einen braunen glänzenden Stab von $1^1/_4$ bis $1^1/_2$ m Länge. Oben an demselben befand sich ein mit Silber oder Neusilber beschlagener Knopf, an diesem war eine lange, rotseidene Schleife befestigt. So gingen sie einladend von Haus zu Haus. Die männlichen Hochzeitsgäste trugen alle den rotbebänderten Stab. Braut- und Bräutigamführer wie zwei weitere männliche Verwandte, die das Brautpaar zum Altar geleiteten, hatten außerdem auf der Schulter ein rotseidenes Tuch und in der Hand den Rosmarinzweig.

Die feierlichste und eigenartigste alte Tracht, die auf dem Eichsfeld nachzuweisen ist, beanspruchte die **Trauer**. Das Eichsfeld **trauerte in Weiß**, und es ist wohl kaum fraglich, daß diese vom umliegenden Gebiet völlig abweichende Art dem Einfluß der einstigen **wendischen** Volkseinsprengungen zuzuschreiben ist (vgl. die weiße Trauer des oberen Schwarzatales).

Die wohl als Kriegsgefangene seit dem Ende des 8. Jahrhunderts aus dem slavischen Osten eingeführten **Wenden** haben auch auf dem Eichsfeld eine besondere Rolle gespielt. Verschiedene Dörfer, wie Effelder und Pfaffschwende, hatten für die Wenden eigene Dorfteile, Sackgassen mit bezeichnenden Namen. Auch besondere Kirchtüren und Beistände waren den fremden Volksangehörigen zugewiesen. **Weiß** ist in der wendischen Lausitz die Trauerfarbe; in einigen vogtländischen Dörfern tragen noch heute alte Frauen die weiße Trauerhaube (Hentrich, volkskundliche Wanderungen, a. a. O.); in **Weiß** hüllten auch die Eichsfelderinnen in Trauerzeiten Haupt und Rücken. Ein weites weißes Damastleinentuch (mir wurde von eingewebten kirchlichen Sinnbildern und „Kirchenfenstern" erzählt) wurde in steife Längsfalten („Riefen") gelegt und so über die Schnurbätzel auf Kopf und Schulter befestigt, daß die Stirn bedeckt war und das Laken den größten Teil der Gestalt einhüllte. K. Wüstefeld erzählt (a. a. O.): „Bei Beerdigungen hingen die Frauen ein weißes Laken um die Schulter, in Plissee gefaltet. Den Kopf bedeckte ein weißes steifes Tuch, das das Gesicht bis zu den Augen verhüllte und am Hinterkopf etwa $1/2$ m zum Nacken herabfiel..." (Die Abb. 50 bringt die Trauertracht aus **späterer** Zeit, als das „Kirchentuch" um die Schulter gelegt wurde.)

Abb. 50. „Kirchentuch" (Trauertracht) auf dem Eichsfeld

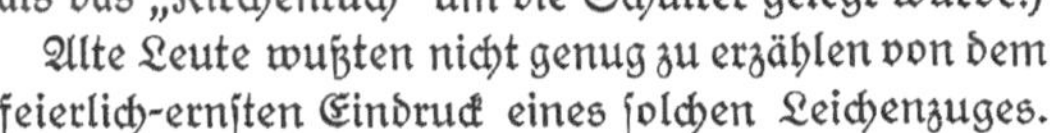

Alte Leute wußten nicht genug zu erzählen von dem feierlich-ernsten Eindruck eines solchen Leichenzuges. Auch kleine Mädchen trugen dies Kirchentuch, im Notfall ein Handtuch. Bis in die Mitte der 60er Jahre hat man allenthalben weiß getrauert. Daß die Alten noch jetzt an diesem eigentümlichen Gewand hängen, bewies mir der Ausspruch einer alten Bäuerin in einem Dorf am Fuß der Goburg. Sie sagte, ihren schwerkranken Mann freundlich anblickend: „Wenn **der** stirbt, lege ich das weiße Tuch wieder an."

Bei tiefer Trauer ging man ein ganzes Jahr weiß zur Kirche; beim Verlust entfernter Verwandter genügte eine kurze weiße Trauerzeit. Die weitere Trauerkleidung unter dem Kirchentuch war schwarz. Beim Begräbnis eines Kindes wurde den Trägern ein weißes, bei einem Erwachsenen ein schwarzes Tuch auf die Schulter geheftet.

Die Männertracht des Eichsfeldes unterschied sich bis in die zweite Hälfte des vorigen Jahrhunderts wenig von der im übrigen Thüringen üblichen alten Kleidung. Für den Alltag war das „Wams", eine kurze Jacke von Manchesterstoff, scharlachrot, mit zwei Reihen Knöpfen üblich. Wie allerwärts bevorzugten Bauern und Fuhrleute den bequemen Kittel für Feld und Straße. Kurze, blau- oder weißleinene Hosen, lange Strümpfe und niedere Schuhe sah man noch bis in die 60er Jahre. Dazu für den Ausgang die Zipfelmütze oder runde Pelzmütze von Iltis oder Marder, der Teller von Tuch. In der Biedermeierzeit liebte man Mützen mit breitem Schirm. Der Sonntag ward geehrt durch den langschößigen Gehrock mit kurzer Taille, samtene Hose und den Dreimaster als Kirchenhut, der noch bis in die 40er Jahre (nach Wüstefeld) getragen wurde.

Abb. 51. Mann im „Knüttger" und Frau mit der „Storze" (Eichsfeld)

Ein wertvolles Stück als Wetterschutz auf Reisen war der „Manteng", ein Mantel aus blauem Tuch, bis in die Kniekehlen reichend, mit Schulterkragen und warm mit Flanell gefüttert.

Dem Untereichsfeld eigentümlich sind (nach K. Wüstefeld) die weißen, wollenen, gestrickten Männerjacken, dem neuzeitlichen „Sweater" ähnlich, „Knüttger" genannt, von knütten, d. h. stricken (Abb. 51). Vor und während der schulpflichtigen Zeit trugen die Jungen Kittel oder Knüttger; erst zur ersten heil. Kommunion erhielten sie einen Rock (nach K. Wüstefeld).

Eine stattliche Bräutigamstracht bewahrt das Heiligenstädter Museum: blauer Tuchrock, rote, zweiknöpfige Weste, Lederhose mit breitem Ledergürtel, Hemd mit weißleinenem Umlegkragen, schwarzseidenes Halstuch.

2. Die Tracht der Evangelischen

So scharf wie in anderen Gegenden (z. B. in Unterfranken) ist auch auf dem Eichsfeld der Abstand zwischen der farbenfreudigen Kleidung der Katholischen und dem einfach-düsteren Gewand der Evangelischen gewesen.

Selten aber ist es mir so schwer geworden, überhaupt noch Spuren alter Kleidung aufzutreiben wie in den verhältnismäßig wenigen protestantischen Gemeinden des „Eichsfeldes". Die Leute in Weidenbach, Hennigerode, Sickenberge, lauter Orten dicht an der ehemaligen „Mainzer" Grenze, rechnen sich überhaupt nicht mehr zum Eichsfeld, sondern zu „Hessen".

2. Konfirmations- und Kirchentracht in Unterneubrunn und Metzels

1. Paar aus Kieselbach bei Eisenach

Das Wenige und leider Unvollständige, das ich in Erfahrung brachte, ist folgendes: Die Werktagstracht war in dunkeln Farben gehalten: Faltenrock, Jacke, Leibchen. Die Sonntagskleidung dagegen muß äußerst heiter und geschmackvoll gewesen sein: Ganz kurze, weiß-baumwollene (Nessel-) Jacke, auf derbem Leinen gearbeitet, vorn ausgeschnitten und verschnürt, ganz im Charakter des Empire; dazu ein blau-rot gestreifter Rock von „Herrnhuter" (!) Leinwand. Als Kopftracht war ein „Tubbchen" (kleines Häubchen) üblich mit perlengesticktem Deckel. Darüber kam ein klares, spitzenbesetztes Mützchen mit Lochstickerei. Die Bräute schmückte der Myrtenkranz mit langer weißer Rückenschleife; diese bildete den einzigen heiteren Schmuck zu dem schwarzen Brautgewand.

Die Abendmahlstracht deckte sich durchaus mit der an der Waldsaumstraße üblichen: Schwarze Kleidung mit weißem Brusttuch und gleicher Schürze. Von der weißen Trauer ist hier nichts mehr bekannt; im Gegenteil versicherte man überall, daß nur schwarze Trauer Sitte gewesen sei.

Die Männertracht wich nicht von der des katholischen Eichsfeldes ab, nur wurden „weiße Leinengamaschen" besonders hervorgehoben.

Abb. 52. Abendmahlstracht („Ziehbätzel") von Netra im Ringgau

3. Der Ringgau

Zwischen der Werra und Sontra, im Norden begrenzt von der Netra, zieht sich von Südost nach Nordwest, umrahmt von weiten Buchenwäldern, eine selten besuchte Landschaft hin: der altthüringer Rinecgau, jetzt Ringgau. Schroffe Kalkhöhenzüge schließen ihn ein: nordwärts trennt ihn der Schlierbachswald mit der Graburg vom Eichsfeld, südwärts grenzt das hessische Bergland. Wenige, aber stattliche Dörfer, wie Netra, Renda, Grandenborn, Röhrda, treffen wir, mit umfangreichen Fluren. Die Bewohner bezeichnen sich vielfach als „hessisch", und doch weist schon ihre Mundart (L. Hertel, a. a. O. S. 21 und Regel II, S. 628) auf altthüringisches Land. Die Tracht nähert sich mehr der hessischen als der Eichsfelder Volkskleidung, doch finden sich auch noch echt Thüringer Anklänge. Es ist schwer, in diesem Grenzland, wo das Hin- und Herfluten der Bevölkerung ohnedies lebhafter war, die einzelnen Dörfer einem bestimmten Trachtengebiet zuzuweisen. So trägt z. B. Ulfen, wo die Thüringer Mundart herrscht, entschieden hessische Tracht: ganz niedrige runde Mützchen, die auf den Scheitel gestülpt werden.

Wir befinden uns in evangelischer Gegend; die kunterbunten Eichsfelder Röcke sind verschwunden, dunklere Farben herrschen vor. Als charakteristische Trachten erkundete ich in Netra und Renda (auch Grandenborn, Datterode, Röhrda) folgende: Die

Braut trug schwarzen Tuchrock und Jacke, seidene oder wollene Schürze, um den Hals „'nen wissen Striffel" (Krausel), darüber „Geldnunster" oder die „Nunsterschnur", ein schwarzes, mit Perlen besetztes Band, das im Rücken mit einer Schleife, dem Zeichen für Ehrenbräute, endigte. Netraer Bräute schmückten sich mit weißem, feinem, „genähtem" (gesticktem) Halslappen. Der Kopfputz der Braut war ganz thüringisch! Das „Ufgesiatz", getollte rote „Schnur" (Band) dreifach übereinander, als Krönung ein „Marienzweig" (Rosmarin).

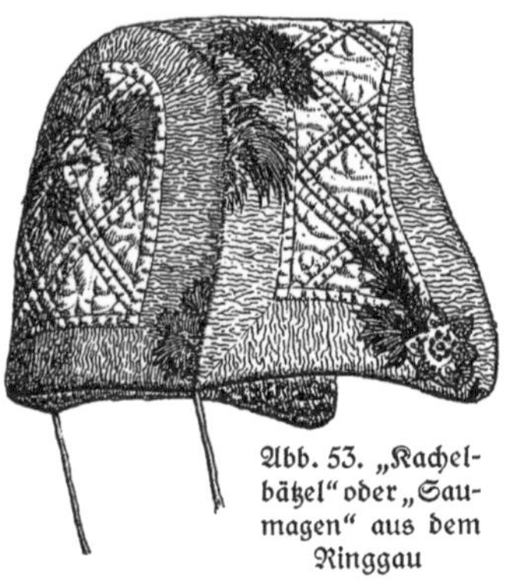
Abb. 53. „Kachelbätzel" oder „Saumagen" aus dem Ringgau

Auf feierlichen Abendmahlanzug wurde viel gegeben. Die dabei übliche Kopftracht wich aber in den verschiedenen Dörfern stark voneinander ab. In Nesselröden und Wommen hatte man als Abendmahlsbätzel eine schwarze Kirchenmütze, darüber die „Ziehbätzel", ähnlich wie in Steinbach-Hallenberg die „Ziehhube", die mit schwarzen, im Rücken endigenden „Schnuren" umlegt war (Abb. 52). In Netra, Renda, Blankenbach trug man als Grundlage eine weiße, durchsteppte, enganliegende Mütze („Saumagen" oder Inger- [Inner-] Bätzel), mit Perlenblumen ausgenäht (Abb. 53), hierüber die Mullziehbätzel mit der Schnur (Abb. 54) oder auch eine schwarze Samtbätzel. Für Frauen war eine schwarze Schürze üblich, für Mädchen eine bunte. Beide trugen um den Hals ein weißes Tuch, schön ausgenäht, das Geschenk der Patin für ihr Patenkind zur Konfirmation. Wunderschöne Bätzel aus der Gegend zwischen Eschwege und der südlichen Ringgaugrenze besitzt das Museum in Eschwege, Belege für den feinen Geschmack und die Geschicklichkeit der Bewohnerinnen des (ehemaligen) südlichen Eichsfeldes und Ringgaus.

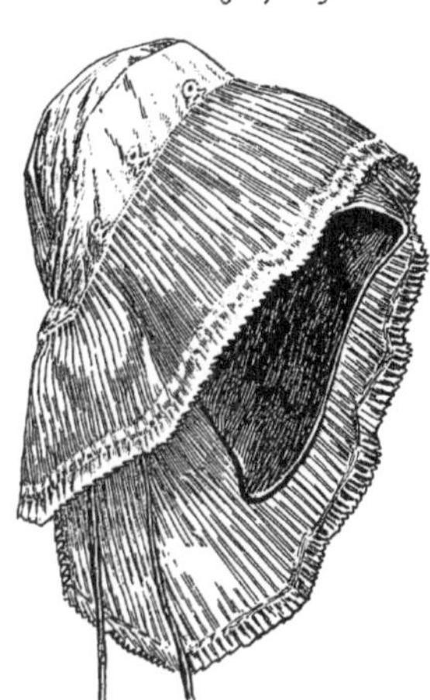
Abb. 54. Abendmahlsmütze aus dem Ringgau (Netra, Wommen, Nesselröden)

Die Grundform der Kirchenmütze (Bätzel) ist thüringisch; die Bänder und das Mützenstück sind für gewöhnlich schwarz oder violett, letzteres zur Kirmse bunt; auch der Kirmserock war getüpfelt und die Schürze farbig.

Sehr eigentümlich ist der Schmuck zur Leichenfeier gewesen; hier macht sich der wendische Einfluß ebenso bemerklich wie im benachbarten Eichsfeld. Man trug schwarzen Rock, Jacke, Schürze und Tuchmantel, schwarze Bätzel und darüber langen, bis in die Kniekehlen reichenden weißen Mull- oder Nesselschleier (Renda, Netra).

4. Die Niedergebraer Tracht

Der freundlichen Vermittlung von Herrn Lehrer W. Kolbe (Herausgeber der Zeitschrift „Heimatland", Bleicherode a. H.) verdanke ich die Beschreibung einer interessanten Tracht aus Niedergebra (ehem. Grafschaft Hohenstein am Südfuß des Harzes) an der Wipper, unmittelbar am „Eichsfelder Tor" gelegen. Als „Nachbartracht“ des Eichsfeldes sei diese wertvolle Beschreibung hier angefügt. Sie bezieht sich auf das 18. Jahrhundert und behandelt die Festkleidung zu Taufen und Hochzeiten. „Der Ehemann trug an solchen Tagen einen hohen Hut von grobem Filz; der lange blaue Tuchrock, der bis unter die Knie reichte, war mit talergroßen blanken Messingknöpfen besetzt. Eine bunte, kleinblumige Weste bedeckte die Brust. An die schwarzen manschesternen Kniehosen schlossen sich die hellen Gamaschen an. Das Schuhwerk bestand in den damals allgemein gebräuchlichen Schnallenschuhen. Aus einer der hinteren Rocktaschen lugte die Tabakspfeife hervor, die andere wurde durch den Tabaksbeutel, der in einer Schweinsblase bestand, mit dem heraushängenden Pfeifenstörer aufgebauscht, während aus der rechten Hosentasche das buntgedruckte baumwollene Taschentuch auffällig breit zum Vorschein kam. Als Gehstock diente an den Ehrentagen ein langes spanisches Rohr mit Troddeln. Der Bräutigamsrock bleibt ein Ehrenstück bis zum Tode des Besitzers. Die Frauen legten an Festtagen eine Staatsmütze an, deren Kopfteil mit goldenen, roten und grünen Flittern verziert war. Der Spenzer mit seinen kurzen herabhängenden Ärmeln bestand aus rotseidenem Taffet, der Rock aus blauer Halbseide. Die weiße Schürze wurde nur an den Ehrentagen getragen. Weiße Strümpfe und Schnallenschuhe mit hohen Absätzen vollendeten den malerischen Anzug. Bei Beerdigungen trugen die Weibsleute, welche dem Sarge folgten, weiße Tücher und weiße Schürzen.“

V. Kapitel

Nord-Thüringen

Das weite, wellige Gebiet zwischen den Ausläufern des Harzes, dem Kyffhäuser-Gebirge und der Hainleite im Norden, dem Dün und dem Hainich im Westen, dem Seeberg und den Drei Gleichen im Süden und dem Unstrut-Helmegebiet im Osten ist vor alters ein einheitliches Trachtengebiet gewesen.

Wir haben es mit Ausnahme der Kalkhöhenzüge — Hainleite, Hohe Schrecke, Finne, Schmücke — zumeist mit außerordentlich fruchtbarem Gelände zu tun. Schon seit mittelalterlicher Zeit war Mittelthüringen ein sehr wohlhabender Landstrich, und zwar hauptsächlich durch den Waidbau. Vor dem Jahr 1606 bauten über 300 thüringische Dörfer diese wichtige Färbepflanze, jedes Dorf im Durchschnitt 40—50 Acker. Allein die 49 Erfurter Dörfer erzeugten gegen Ende des 16. Jahrhunderts 4344¼ Acker Waid. Langensalza, Tennstedt, Gotha, Erfurt und Arnstadt hießen die Waidstädte. Es ist selbstverständlich, daß sich innerhalb dieses Gebietes die Wohlhabenheit auch in der Tracht ausgeprägt hat.

Im großen und ganzen glich die ehemalige Volkskleidung in Nordthüringen der Tracht längs der Waldsaumstraße. Hemd, Rock, Jacke, Schnürmieder, Schürze, Mantel — alle diese Kleidungsstücke hatten dieselbe oder wenigstens annähernd die gleiche Form in den dunkeln Fichtenwäldern Friedrichrodas wie auf den fetten Äckern und Wiesen der Goldenen Aue. Aber die Stoffe der einzelnen Gewänder um Erfurt und

Langensalza waren bedeutend reicher und kostbarer als das einfache „Sachen“ der Waldbewohner. Und welche Fülle und Auswahl an Kleider- und Haubenschätzen beherbergten die Laden der reichen Bauersfrauen Nordthüringens!

Wohl lieferte die große nach Hunderten zählende Schafherde des Großbauern etwa in Kindelbrück gleiches Gespinst zu Bauerntuch wie der bescheidenere Bestand an Nössern eines Walddorfbauern, und in gleichem Eifer schnurrte das Spinnrad mit dem feinen selbstgebauten Flachs in den Lichtstuben im dichtverschneiten „Schwarzwald“ wie am Ettersberg.

Abb. 55. Sonntagstracht aus der Gegend um Gotha

Aber neben dem derben und feinen leinenen „Tuch“, — den Röcken aus selbstgewebtem „Rasch“, „Beiderwand“ und Fries, lagen, sorgfältig in alte weiche Leinentücher geschlagen, die seidenen Staats- und Festgewänder der wohlhäbigen Dorfpatrizierfamilie in den Ortschaften zwischen der Hörsel und der Unstrut.

Nicht in den eigentlichen Gewandstücken, die der Grundform nach (wie schon mehrfach erwähnt) in ganz Thüringen sich gleich blieben, übte die Volksphantasie und -kunst, wenn man will, die Volks„mode“, ihre Schöpferkraft. Dazu ersah sie sich vielmehr das Gebiet der Kopftracht, die in geradezu üppigen Formen sich in den Kreisen des reichen Bauernstandes entwickelte.

Zu Werktagszwecken und als bequeme Sonntagstracht legte man den Kopflappen um, natürlich in sehr verschiedener Güte und Ausstattung, vom einfachsten dunkelblau gefärbten Leinen- oder Baumwollappen bis zum schwerseidenen, in den buntesten Blumen-, Streifen- und Arabeskenmustern leuchtenden Tuch. Man findet ungemein geschmackvolle Stücke darunter. Die beliebtesten Farben sind Grün und Veilchenblau auf schwarzem Untergrund. Streifen- und Viereckmuster findet man häufiger als Blumenkanten.

Neben dem Kopflappen war, besonders nach der Unstrut und unteren Gera zu, der „breite Lappen“ beliebt, ein dreieckig gelegtes blauleinenes oder -baumwollenes Tuch, dessen langer Zipfel in den Nacken hing, während die beiden anderen unter dem Kinn gebunden wurden.

Einen eigenartigen, an die Elsaßschleifen erinnernden Ausputz bevorzugte die Mode der Dörfer zwischen Mühlberg und Döllstädt (Gotha und Langensalza); ein genauer Nachweis der Verbreitung ließ sich leider nicht mehr feststellen. Auf dem Rückenteil der breitniedrigen Kirchenmützenform mit kaum angedeuteter stumpfer Schneppe wird zunächst das Mützenstückchen aufgenäht, etwa aus geripptem Silberbrokat mit eingewebten Goldblumen, auf die wirkungsvoll umrandete bunte Metallplättchen und kleine Chenillestückchen genäht sind. Die Stirnseite ist durch ein straff gespanntes breites Seidenband verdeckt; halblange, bunte Seidendamastbänder fallen bis zum Gürtel. Eigentümlich ist die Anordnung der dazu gehörigen Schlupfen. Diese sind durch untergelegte schwarze Pappe völlig gesteift und paarweise (zu zwei oder drei Paaren) seitwärts am Hinterhauptteil angenäht. Zuweilen ragen diese Bogenschleifen hoch über die Mütze heraus. Zu jeder dieser Hauben gehört ein seidener befranster Kopflappen. Dieser wird vorn ganz glatt um die Haube gelegt, so breit, daß er die Stirnseite gerade bedeckt. Die bunten umrandeten Zipfel werden faltig gelegt, nach vorn geführt und so zu seiten der Schläfen befestigt, daß sie wie zwei lange Ohren bis auf die Schultern herabhängen. Dieser Kopfputz wurde z. B. in Wechmar, Friemar und Aschara, kurz, rings um Gotha, um die Mitte des vorigen Jahrhunderts getragen (Abb. 55).

Abb. 56. Weimarische Mützen der Erfurter Gegend (Festhauben aus Herbsleben)

Der größte Haubenprunk wurde in ganz Nordthüringen mit den verschiedenen Abarten der „Weimarischen Mütze" getrieben (Abb. 56). Die Museen von Eisenach, Erfurt, Weimar und Jena, sowie viele Privatsammlungen und Familien-„laden" bewahren wahre Prachtexemplare dieses üppigen Trachtenschmuckes. Der Hauptwert bestand im Mützenstück, in der Binde und in den Bändern. Das Mützenstück ist stets aus Gold- oder Silberstoff gefertigt; zuweilen wurden auch schwere Goldtressen ziegelförmig übereinandergelegt. Auch prächtige Goldstickereien kommen vor. Die Binde hat überall die gleiche Form: die Unterlage ist von biegsamer Pappe, die zunächst mit Leinwand, hierauf mit schwarzem Baumwollstoff oder Seide überzogen ist. Darauf wird staffelförmig der Putz angeordnet: der Hauptsache nach Sträußchen aus Straußenfederteilen, durchsetzt mit Sträußchen aus Perlen, Flimmerplättchen und künstlichen Blümchen. Darüber ragen gewöhnlich schwarze oder goldene Spitzen hervor. Statt der Straußenfederteile waren besonders in der Umgegend von Erfurt Zweige aus schwarzen oder schwarzblauen Federblumen beliebt. Von weiteren Abarten wird unten die Rede sein. Von großem Wert sind die prächtigen Bänder, die in verschwenderischer Fülle aus dem Mützenstück vorquellen und bis weit unter die Kniekehlen fallen. Eine Nachbarin suchte die andere zu überbieten. Wunderschöne Goldstickereien finden sich auch auf diesen breiten gezackten Bändern, die als Abschluß gewöhnlich schwere gold-, lila- oder schwarzseidene Chenillefransen erhalten (vgl. auch Tafel 7, Abb. 2).

1. Das Gebiet an der unteren Werra

Im größten Teil von Nordthüringen ist die Volkstracht seit Menschengedenken völlig verschwunden, und es ist ein Glückszufall, wenn man ein altes Mütterchen aufstöbert, das vom Hörensagen noch von Hauben und Miedern zu erzählen weiß. Die Dörfer in den ehemaligen gothaischen Exklaven nördlich von Eisenach (Neukirchen, Hallungen, Frankenrode, Ebenshausen, Nazza) gehören zu den wenigen des Gebiets, die ihre Volksgewandung, Sitte und altväterische Art länger bewahrt haben. Dies ist der bis zum Jahre 1908 fern von Welt und Verkehr befindlichen Lage der erwähnten Ortschaften zu verdanken, daneben aber auch dem verständnisvollen Bemühen des Herrn Pfarrers Bonsack (ehemals in Nazza, jetzt in Apfelstädt bei Arnstadt) und dem des durch viele Jahre in Nazza segensreich wirkenden Herrn Kantor Moser (†).

Abb. 57. Brautjungfer aus Nazza (1886 zuletzt getragen)

Wie überaus anmutig diese Tracht war, wie wünschenswert es daher jedem Freund der deutschen Volkskunde sein muß, mit diesen Gewandstücken etwas echt Vaterländisches zu erhalten, mag die Schilderung einiger besonders eigenartiger Trachtengestalten dartun.

Das Trachtenmuseum auf der Wachsenburg besitzt ganz hervorragend schöne Trachtenfiguren von der unteren Werra. Der Behüter dieser Schätze, Herr Pfarrer Bonsack, hatte selbst die Güte, mir die nötigen Erläuterungen zu geben.

Die Brautjungfer trägt einen schwarzen Falten- („Fählen-") Rock aus Rasch mit grünem Stoß am unteren Rand, darüber eine weiße, faltige Mullschürze. Das blauseidene „Bandliebchen" ist mit blau-weiß geblümtem Seidenband umrandet, die Laschen, mit denen es vorn geschlossen ist, wurden mit rosa Seidenband eingefaßt. Eine Schleife aus grünem „Schmitzband" (gezackt) fällt über die Brust. Unter dem „Liebchen" schimmert das weißleinene „schwarz geniebt" (d. h. schwarz benähte, bestickte) Mieder mit den Bauschärmeln. Deutlich ist die schwarze Stickerei auf diesem Mieder auf Abb. 57 wiedergegeben. Auf dem Kopfe flimmert das Schnürheid („de Schneer", „Schneerbetzen"), ein kleines Kunstwerk, dessen Herstellung geschickte Hände erforderte. Roter Baumwollstoff wurde als Grundlage auf dem Kopf „angespengelt", darüber Silberstoff, auf dem man die vielen Blumen-„Paketerchen" (Bukettchen) befestigte. Sollten viele Brautjungfern teilnehmen, mußte schon nachts mit dem Anputzen begonnen werden. Den großen Strauß am Hinterkopf verehrte der bevorzugte Kirmsebursch dem Mädchen. Über den Hinterkopf fielen rote, grüne, blaue, silberdurchwirkte

Bänder. Der Hals war reich geschmückt mit einer weißen „Krussel“ von Spitzenstoff. Darüber befestigte man ein schwarzes, perlenbenähtes Halsband und noch ein zweites Band mit langer Endschleife. An diesem hingen die „Nusterquasten“, lange feuerrote und grasgrüne Bandschleifen. Nur bei „ehrlichen“ Hochzeiten war dieses Abzeichen der Jungfräulichkeit der Braut und ihren Ehrenjungfern erlaubt.

Der *Halsschmuck*, die „Geller“, d. h. Gelder, bestand aus einer silbernen Gliederkette, an der die meist vergoldeten Silbermünzen (gewöhnlich braunschweigische) hingen.

Blaubaumwollene, weißgezwickelte Strümpfe gehörten zu diesem Festanzug, auch Schuhe aus stumpfem Leder, deren Absätze („Klötzerchen“) in der Mitte der Sohle befestigt waren.

Abb. 58. Abendmahlstracht im Bezirk Nazza

Als sehr willkommene Ergänzung zu der eben beschriebenen Brautjungfertracht ist uns im *Zeichenbuch* des *Joh. Wilhelm Trapp* (um 1740, Landesbibliothek Weimar) die Abbildung der Gevattertracht von 1802 eines Mädchens aus Neukirchen (nördlich von Eisenach) erhalten. Die Gevatterin trägt den grünen Faltenrock, blaue Schürze mit rotem Schleifenband, ein schwarzes Schnürmieder mit goldenen Tressen eingefaßt, ein weißes Mieder mit weit aufgekrempten Ärmeln. Um den ziemlich tiefen Halsausschnitt leuchten weiße Spitzen. Hinterm Ohr schaut eine Schleife heraus, wohl der „Nünsterzipfel“. Die Stöckelschuhe sind oben mit weißer Spitze eingefaßt; die *Strümpfe fehlen*. Auf dem Kopfe des Mädchens sitzt das bunte Bängerheid.

Die *Abendmahlstracht* (Abb. 58) ist ähnlich der längs der Waldsaumstraße: ein enggefalteter schwarzer Tuchrock, darüber aus demselben Stoff das lose, kurze, schwarze *Jäckchen* mit breitem Umlegekragen und kurzem Schoß. Die Ärmel sind oben faltig und mit schwarzen Glasschmelzknöpfchen besetzt. Darüber wird der *Brustlappen* aus weißer, feiner, gemusterter Leinwand geschlungen.

Der Rock wird umspannt von der gestickten Mullschürze. Die sehr kleidsame schwarzsamtene *Mütze* („Kirchenbätze“), mit Seidenschleifen, ist mit breiten, duftigen, weißen, steif gestärkten, oft doppelt gehefteten Spitzen umrandet.

Recht jugendlich-anmutig stellt sich auch die *Konfirmandinnentracht* dar. Über das sehr kunstvoll „schwarzgeniebt“ *Mieder* wurde das „Liebchen“ aus graublauem Tuch angelegt, dessen Armlöcher mit grauem Seidenband eingefaßt sind. Vom schwarzen *Raschrock* mit breitem blauen Stoß hebt sich die violette *Faltenschürze* wirkungsvoll ab. Sie ist am unteren Rand mit Seidenfransen eingefaßt und wird durch eine mit Quasten verzierte Wollschnur geschlossen. Das schwarze *Samtbätzchen*, vorn mit etwa 10 cm breiter weißer Spitze umrahmt, hat ein Mützenstückchen mit zwei stilisierten Blumen. Breites blaues, rotgeblumtes und silberumrandetes Band rahmt das junge Mädchengesicht ein und schließt sich unter dem Kinn zu einer vollen Schleife. Um den Hals kam ein schwarzes Samtband, darüber Perlenschnüre. Hübsche Zwickelstrümpfe und Schuhe mit „Klötzerchen" gehörten auch dazu. — Diese allerliebste Tracht legte auch die Braut in Nazza zum dritten Aufgebot an.

Daß auch das „Mannsvolk" nicht in der Gewandung zu kurz kam, beweist ein „Dänzbodenanzug" (Abb. 59). Zur dunkelgrünen Tuchjacke mit den hübsch gravierten, doppelseitigen Knöpfen paßt vorzüglich die schwarze Samtkniehose und die braune Weste mit den hellen Seidenblümchen. Auf dem Kopfe thront die Pelzbätzel aus Marder- oder Otterfell. Festlich wirken die weißen gestrickten Strümpfe und die Schnallenschuhe.

Abb. 59. Bursche aus Ifta, nördlich von Eisenach

Recht würdig und behäbig war der Kirchenanzug der Männer (Abb. 60): ein langschößiger Rock aus rauhem schwarzen oder blauen Wollstoff mit doppelt gereihten, übersponnenen Knöpfen; braune, weißgeblümte Weste; Kniehose aus schwarzem Samt, beim Bräutigamsanzug mit grünen Bändern gebunden; schwarze Strümpfe zum Kirchengang, zum Festanzug weiße; Schnallenschuhe. — Zum Arbeitsanzug gehörten der Leinenkittel und bockslederne Hosen.

Über die Tracht eines „Zeppeln" (Zwiebeln) ausrufenden Bauern der Eisenacher Gegend um 1740 gibt uns das Zeichenbuch Trapps Auskunft: weißer, weiter Kittel mit blauem Halstuch; blaue Kniestrümpfe, schwarze Schuhe, keine Hosen; auf dem Kopfe ein weicher Filzhut mit herabhängenden Krämpen.

Alle Hauben, die wir bisher kennenlernten, haben, so verschieden sie auch in der Form (spitz oder breit) sein mochten, das gemeinsam, daß sie mit einer Ausnahme — der „Tukkartsmütze" von Schmalkalden — den Kopf eng umschließen. Ein Blick auf die Abbildungen beweist das. Aber noch in der zweiten Hälfte des 19. Jahrhunderts beherbergte ein Thüringer Landstrich südwestlich von Mühlhausen einen Kopfputz, der durchaus von den übrigen abwich. In Mihla, diesem einst so lebhaften und durch die Flößerei und den Holzhandel wohlhabenden Ort, heißt die Haube, die ich jetzt beschreiben werde, bezeichnend die Hörnermütze. Die Grundform, die den Kopf umschloß,

1. Dankmarshausen, Oberellen, Etterwinden, Möhra

1 2 3 4 5

2. Dankmarshausen (Fig. 1—4; 2 mit Bängerheid) und Oberellen (Fig. 5)

unterschied sich nicht wesentlich von der allbekannten Thüringer Kirchenmützenform. Das Abweichende lag in einem weiten, steifen Schleier, der sich in zwei hohen Bogen seitlich von den Schläfen wölbte, das ganze Antlitz beschattete und in tiefer, spitzer Schneppe auf der Stirn zusammenlief (Abb. 61). Diese phantastische Haube wurde zu ernsten (Trauer) und zu frohen Gelegenheiten angelegt. Das Hauptverbreitungsgebiet lag zwischen Kreuzburg a. W. und der Vogtei, also auf preußischem wie auf weimarischem Gebiet. Allerdings habe ich auch südöstlich von Langensalza, im Dorf Aschara, eine sehr geschmackvolle Brautmütze in der Form der Hörnermütze gefunden. Sie war mit seidenem, auf weißem Grunde geblümtem Atlasband und reichen Goldborten überzogen. Der Spitzenstoff der Flügel war weiß. Sehr eigenartig sind die Anklänge der Hörnermütze an die Tuckartsmütze (vgl. Schmalkalden). Wo mag die Urform dieser Hauben liegen, und gehörten sie beide in der Urform derselben Zeit an?[1])

Abb. 60. Männertracht (Kirchentracht) in Ifta und Nazza

Im Anschluß an die prächtige Brauthaube („Schnurre") von Mihla und Cammerforst nördlich von Mihla (Abb. 62) sei die übrige Brauttracht des eben genannten reichen Dorfes beschrieben: Schwarzer Tuchrock; Schnürmieder von starkwolligem, schwarzem Tuch, mit Besatz von rot-, lila-, grüngeblümtem Seidenband, passend zur Schnurre. Das starkleinene Mieder hatte halblange, nicht aufgekrämpte Ärmel, die vorn gekraust und mit Durchbrucharbeit verziert waren. Um den Hals lag eine doppelte Spitzenkrause, auf dem unteren Teil waren farbige, quastenähnliche Blümchen aufgenäht, in Zwischenräumen von 2—5 cm; diese zierlichen Sträußchen schimmerten durch das obere Gewebe.

Zum Alltag trug man ganz schmal gelegte Kopflappen, sog. „Huller".

In dem ehemals weimarischen Gelände zwischen Eisenach und dem Hainich erinnerte die alte Tracht an die der Waldsaumstraße. Die „Weimarische Mütze" (Abb. 63) hieß dort „Gothsche" Mütze oder „Strußmötzen" nach der Straußfederbirde. Das „Schnürheid" war niedrig und klein, mit roten Randschleifchen. Darüber war das schmale rote Band in Quetschfalten in vielen Stufen übereinandergesetzt. Das Schnürheid wurde beim ersten und zweiten Aufgebot getragen; beim dritten und bei der Trauung ein Rosmarinkränzlein. Der Braut schnitt man das Haar ab, um das Heid befestigen zu können. Am Kragen des „Joch"- (spanischen Mantels) wurde der Ehrenbraut die „Nusterquaste" befestigt, die beim ersten und zweiten Aufgebot bunt, beim dritten und der Hochzeit schwarz war.

Die schwarze Nachtmahlshaube mit den weißen Spitzen erhielt die Frau mit in den Sarg (Abb. 19).

[1]) Vgl. auch das Gruppenbild der Thür. Bräute (Tafel 6, Abb. 1).

An der alten Straße, die von Eisenach über Creuzburg nach Kassel führt, liegt nahe der Grenze des Ringgaus das Dörfchen Ifta. Bis in die neueste Zeit hatte sich der fern vom Bahnverkehr liegende Ort alte Sitte und Tracht bewahrt. Nie vorher und niemals später habe ich eine so ergreifende Vorstellung von der Bedeutung der Volkstracht erhalten als an jenem Sommertag des Jahres 1895, als ich zum erstenmal die Kirchgänger aus dem Iftaer Gotteshaus schreiten sah. Mit einem Schlag war die hastende, pietätlose Neuzeit verschwunden und feierlich, steif-ernsthaft zog der ehrsame Bauernstand aus den Tagen des Alten Fritz an mir vorüber. Aus einem Guß die ganze Persönlichkeit! Wie prächtig stimmte der Dreispitz zu den scharfgeschnittenen Gesichtern! Wie selbstverständlich paßte sich der würdevolle Schritt den festlich-feierlichen langen Röcken an, deren Schöße bis fast zu den zierlichen Bändern herabhingen, die die schwarzen Samt- oder gelben Lederkniehosen von den weißen Strümpfen schieden.

Abb. 61. Trauerhaube (Hörnermütze) aus Mihla

Als Seitenstück zu diesem altertümlichen Bilde in der Neuzeit möge die Beschreibung der modefarbenen Festtracht eines weimarischen Bürgers dienen (1740—1754), die uns die Trappsche Chronik bewahrt hat: Brauner, langer, offener Rock mit Schößen, mit Knöpfen von oben bis unten; lange Weste, ebenfalls mit silbernen Knöpfen; grünes, langes Halstuch, darüber ein weißer Schlips; schwarze Kniehosen, grüne Strümpfe, Schnallenschuhe; auf dem Kopf den Dreimaster.

Den Iftaer Mannsleuten folgt die Schar der Frauen. Ihre dunkle Tuchkleidung, von der sich die farbige Seidenschürze weichglänzend abhebt, ist umwallt von dem „Spanischen Mantel“, der so zierlich untergeschlagen und gefaßt wird, daß gerade das vielbenutzte Gesangbuch zu sehen ist, auf dem das weiße Taschentuch liegt und obenauf ein Rosmarinzweiglein. Von dem ruhig und würdig getragenem Kopf fallen die breiten, seidenglänzenden Bänder und Schleifen der Staatsmütze über die wippenden Rückenfalten des Tuchmantels . . .

Als ich 15 Jahre später desselben Weges zog, war die „gute, alte Zeit“ bis auf wenige Reste verschwunden — ausgestorben. Zwei hochbetagte Greise waren allein der Väter Tracht treu geblieben; seltsam, unverstanden, fremdartig hob sich ihre würdevolle Kleidung und Gangart ab von dem bunten, quirligen Behaben und modischen Anzug der Jugend.

Ein Iftaer Lehrer, Karl Louis Hesse, hat 1867 ein Büchlein über sein Dorf herausgegeben, in den geschichtlichen Teilen zwar verfehlt, aber wertvoll durch die Mitteilungen über Volkskunde und Statistik. Zur Ergänzung des „Kirchgangs“ werde ich das Wichtigste aus Hesses Beobachtungen mitteilen (S. 6ff.): Die Weiber tragen Bandmützen; Röcke von Tuch, Rasch, Beidergewand, welche faltig und beim Sonntags- und Festtagsanzug mit einem grünen Besatz versehen sind, auch durch einen

Wulst am Leibchen gehalten werden. Strümpfe mit Zwickeln, Schnallenschuhe, welche jedoch schon vielfach durch Riemenschuhe und Pantoffeln ersetzt werden. Zum Feiertags- (Abendmahls-) Anzug kommen noch weiße Spitzen an der Bandmütze hinzu und ein weißes Halstuch; dann rauhe, golddurchwirkte Samthandschuhe oder solche von Marderfell; bei Mädchen ein Kopfputz (Schnürheid!) von roten Bändern, Goldtressen, Blumenbukett; Rosmarinkranz bei der Braut. Ein Halsschmuck von Dukaten oder Perlen, Korduanschuhe mit hohen Absätzen, schwarze Strümpfe mit weißen Zwickeln.

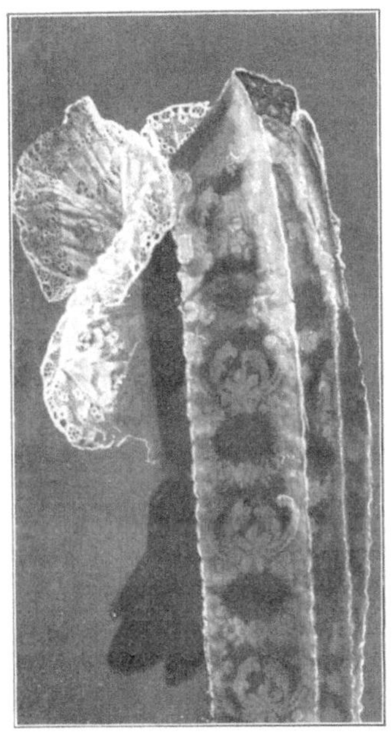

Abb. 62. Brauthaube (Hörnermütze) aus Kammerforst in der Voglei

Abb. 63. Weimarische Mütze aus Nordthüringen

Der Werktagsanzug der Männer besteht in einer meist gestrickten und gefärbten Zipfelmütze, Betzel genannt, welche jedoch vielfach schon durch einen Filzhut oder eine Schildmütze ersetzt ist, in einem gewöhnlich blauen, an den Achseln und an den Händen besticktem Kittel von Leinwand, worunter bei kaltem Wetter eine oder etliche alte Jacken von Beiderwand nebst dem „Leibstück" (Weste von Kattun) getragen werden; in kurzen Hosen von Sommerstoff mit Schnallen, in langen, meist blauen Strümpfen, Gamaschen, Schnallenschuhen oder langen Stiefeln. Der Sonntagsanzug besteht in einem dreieckigen, bei jüngeren Leuten runden schwarzen Hut, in einem langen, meist dunkelgrünem Rock von Rasch oder Tuch mit kurzem Kragen und mit einer grünen Schleife im Knopfloch, in kurzer Hose von Samt, Leder oder anderen Stoffen.

Der dritte Anzug, der nur bei besonderen Feierlichkeiten, wie Hochzeit, Kindtaufe, Abendmahl, getragen wird, kennzeichnet sich besonders durch die weiße Lederhose und durch bessere, meist schwarze Stoffe.

Zum Ausgeheanzug an Sonn- und Festtagen gehört die kurze Tuchjacke mit blanken Knöpfen und die mit Gold- und Silbertroddel verzierte Pelzmütze.

Abb. 64. Frau aus der Vogtei

2. Die „Vogtei"

Südwärts von Mühlhausen, vor dem Ostfuß des Hainich, lag in fruchtbarer Gegend ein mittelalterlich-kurmainzischer „Gutshof", mit den Dörfern Ober- und Nieder-Dorla und Langula. Dieser ganze, längst evangelische Bezirk heißt noch heute „Die Vogtei". Bis in neuere Zeit hat dies Gebiet seine Sonderart in Sitte, Anschauung und Tracht hartnäckig erhalten. Die Separation der Fluren brachte auch hier eine starke Umwälzung, und der Einfluß der neuen Bahnlinie Eisenach-Treffurt wird bald jede Eigenart verwischt haben. Aus einer hochangesehenen Pfarrfamilie in Langula (Frau Pfarrer Just) erhielt ich in den 90er Jahren des vorigen Jahrhunderts eingehende Notizen über die alte Volkskleidung in der Vogtei; später habe ich selbst nochmals genaue Nachfrage gehalten und zuverlässige Auskunft im Hause des Herrn Jakob Carius erhalten. Auf diesen beiden Quellen fußt die nachfolgende Zusammenstellung.

Die Grundformen der Tracht waren altthüringisch, so daß man auf der Vogteier Tracht geradezu die Hauptbeschreibung aufbauen könnte.

Die Frauentracht (Abb. 64) zeigt ein Achselhemd ohne Zwickel; keine Beinkleider und in alter Zeit auch keine Unterröcke. Später benutzte man die abgetragenen Sonntagsröcke gekürzt als Werktags- und zuletzt als Unterkleidung. Über das Hemd kam das leinene Mieder mit rot oder schwarz eingesticktem Namen; bei den Staatsmiedern war der Halsausschnitt spitzenumrandet. Das wulstige Schnürmieder hielt, wie vor dem Wald, die Röcke fest. Als besondere Vogteier Eigentümlichkeit wurde unter den Knöpfen des Schnürmieders noch ein steifer „Brustlatz" eingeschoben[1]). Die Beider-

[1]) Ähnlich wie in Brotterode.

wandröcke (Schuß Wolle, Kette Leinen) waren nicht so faltig wie die jenseits des Hainich, z. B. in Nazza. Der Innenstoß war rot, und als Ausputz setzte man einen mit der Zeit immer breiter in Mode kommenden lichtgrünen Seiden- oder Wollstoffstreifen (ähnlich wie in Friedrichroda) handbreit über den unteren Rand. Vom „Rosentuch" aus feiner Wolle oder Seide ließ man den hinten herabfallenden Zipfel über das Schnürmieder hängen; die beiden anderen wurden vorn unter die Knöpfe gesteckt. Die Halslappen, die ich in Langula sah, waren recht einfach. Doch kenne ich auch ein einzigartig-kostbares Tuch aus diesem Dorf, aus schwerer meerblauer Seide mit breitem, goldgelbem Rand.

Nur bei starker Kälte wurde die kurze Jacke hervorgeholt. Sie hatte hinten ein kleines Schößchen, vorn einen Ausschnitt für das Halstuch und enge Ärmel mit Schlußknöpfen. Man trug in alter Zeit ganz einfache Schürzen aus Leinen, zum Fest aus Gingan; erst später gab es wollene Schürzen. Die Form der Vogteier Bätzen, der Alltags- und Sonntagsmützen, war etwas spitzer als vorm Wald. Das Kopftuch band man wulstig davor, die Zipfel fielen zu Seiten der Schläfen fittigartig auf die Schultern.

Eine wunderhübsche Kinderbätzel war ganz mit buntgemustertem Band überzogen, gleiche Schleifen und Enden bildeten den Rückenausputz; das Mützenstück war aus Goldstoff.

Die Abendmahls- und Trauerhaube — „Schnurre" — hatte dieselbe über den Schläfen breit auslaufende Form wie in Mihla (Abb. 61). Die sonstige Abendmahlstracht war ganz die vorm Wald, aus schwarzem Tuch mit weißer Schürze und Brusttuch. Doch gehörten in der Vogtei weiße Zwickelstrümpfe und Schnallenschuhe und schwarze gestrickte Halbhandschuhe dazu. Über dem „Kappenmantel" (dem „Spanischen Mantel" der Waldsaumstraße) mußte zierlich das weiße Schultertuch hervorschauen.

Der höchste Staat gebührte, wie allerwärts in den evangelischen Dörfern, der Braut. Der eigentliche Anzug glich dem feierlichen Abendmahlsgewand, selbst die weiße Schürze war beibehalten; doch mußte der Tuchrock mit gutem Seidenband besetzt sein. Alle Farbenpracht vereinigte sich im Kopfputz — der „Schnurre" oder dem „Schnürheid". Es gab eine besondere Frau in jedem Dorf, die „Schmuckensche", die den Bräuten den außerordentlich verwickelt zusammengesetzten Kopfputz aufbaute. Zunächst wurden die Haare nach oben gekämmt und ein Pappring, der aber vorn offen stand, dagegen gelehnt. Die Zöpfe wurden hochgelegt, vorn aufrecht gestellt und mit goldenen Litzen umwickelt. Zwei übereinandergelegte Reihen in Tollfalten gelegtes Band — das eine hatte auf grünem Grund rote Rosen, das zweite war braun mit roten Blumen — füllten die Pappringöffnung über der Stirn aus. Die eigentliche Krönung, der Kranz, war aus Flittern und Blumen, „Paketerchen" (Sträußchen), zusammengesetzt, auch der ganze Hinterkopf verschwand unter dieser bunten Pracht. Den Hals umschlossen zwei Spitzenkrausen, hinten in einer geknoteten Schleife endend. Diesen Jungfrauenschmuck trugen auch die jungen Gevatterinnen, doch gebührte den Bräuten außer den beiden bunten Schleifen darunter noch eine schwarze und das „Stehband". Auch die Bräute gingen im Mieder zur Kirche. Der Halsschmuck bestand aus einer vierreihigen Kette aus zusammengebogenen Geldstücken oder aus silbernen „Korallen"ketten.

Der Zusammenklang von alter Sitte und Tracht trat besonders stark hervor bei den Hochzeits- und Taufgebräuchen. Beim Kirchgang schritt der Bräutigam barhäuptig voraus. Die Haare waren ihm auf der Mitte des Scheitels zu einem „Krönchen" zusammengepappt, in der rechten Hand hielt er, zusammen mit einem Rosmarinzweig, ein weißleinenes Tuch, dessen herabhängende vier Zipfel mit schwarzen Namen-Buchstaben bestickt waren. Das Tuch, der Jolappen, war das Geschenk der Braut an Stelle des Traurings. Der „Jolappen" (auch „Spägellappen") ward dann von der Hebamme über das Kindlein bei der Taufe gebreitet und deckte endlich auch den Sarg des Ehegatten.

Immer im Abstand von etwa zehn Schritt folgten dem feierlich voranschreitenden Bräutigam zunächst die Braut im Flitterheid, dann weiterhin die Kranzjungfern und die übrigen hochzeitlich geschmückten Gäste[1]).

Der Kirmse- und Tanzstaat des Mädchens war ähnlich wie die Sonntagskleidung, nur bunter und feiner. Beim Tanz durfte das sechs Ellen weite „Girnhemd" nicht fehlen. Ein Prachtexemplar dieser Art wurde mir noch vorgezeigt.

Die Stoffe zur Männertracht wurden fast durchgängig im Haus selbst vorbereitet: Eichsfelder und Vogteier Frauen spannen den Flachs, kämmten und spannen auch die grobe Wolle von den selbstgezogenen Schafen. Nur das Tuch zu den Feströcken (Kamisol) wurde gekauft.

Zur Alltagstracht gehörte das derbleinene Hemd mit dem breiten Umschlagkragen, der mit „Mäusezähnchen" (gestickten Spitzchen) geziert war; weiße oder blaue leinene Kniehose, weißwollene Strümpfe, schwarze Gamaschen. Der blauleinene Kittel reichte bis zum Knie. Darunter trug man bei kaltem Wetter eine wollene Jacke oder kurze Drelljacke, letztere wohl auch ohne Kittel. Die Weste war einreihig mit Knöpfen besetzt. Aufs Feld trug man zuweilen auch den langen Knierock, der bei der Arbeit abgelegt wurde.

Den Kopf bedeckte im Haus die „Klingelmütze" (Zipfelmütze mit Quaste) aus baumwollenem Garn mit mannigfachen eingestrickten Mustern; für den Festtag weiß, alltags blau. Über Land aber wurde der Dreimaster aufgestülpt; zur Arbeit ragte die lange Spitze nach hinten, beim Kirchgang nach vorn.

Die Sonntagstracht bestand aus feineren Stoffen. Lederne Hosen, langschößiger Rock aus grünem Kamlot, mit zwei Reihen Knöpfen, dunkelblaue Weste, schwarze Strümpfe und Schuhe.

Zu den drei Hauptfesten, auch zur Abendmahlsfeier und Hochzeit, legte der Vogteier Bauer ein dunkles Staatsgewand an: Langen schwarzen Rock (Kamisol) mit zwei Reihen blauseidener übersponnener Knöpfe, kurze wildlederne Hose, schwarze Strümpfe ohne Gamaschen und Schuhe mit silbernen oder messingnen Schnallen. Auch an der Weste blitzten silberne Knöpfe. Zur Sonntagstracht gehörten hohe Schaftstiefeln, die oben mit grünem Leder eingefaßt waren.

Bis in die 60er Jahre des vorigen Jahrhunderts ist diese altfränkische Tracht in der weltabgelegenen Vogtei gang und gäbe gewesen. Gerade hier berührt es den tiefer Blickenden wehmütig, daß neuzeitliche Ramschwaren selbst dort überhand genommen haben. Denn die Menschen selbst, wenigstens die älteren, halten immer noch manche Gewohnheiten der alten Zeit hoch: Gastfreundschaft und Zuvorkommenheit, etwas Langsames, Bedächtiges im Reden, streng kirchliche Frömmigkeit.

[1]) W. Kunze, Sitten und Gebräuche der Vogteier. Deutsche Dorfzeitung 1918, Nr. 21.

3. Die Gegend von Mühlhausen

Die Tracht in den Ortschaften des Kreises Mühlhausen ist, wie es scheint, stark beeinflußt worden vom benachbarten Eichsfeld, mit dessen Gebiet die freie Reichsstadt von jeher im regsten Wechselverkehr stand. In Windeberg (nordöstlich von Mühlhausen), dessen ehemalige, jetzt längst verschwundene Tracht für die Umgegend bezeichnend benannt werden kann, wurden mir 1915 noch mancherlei altväterische Stücke gezeigt. Das altthüringer Achselhemd ist dort getragen worden, darüber bei festlichen Gelegenheiten das Mieder mit spitzenbesetzten Ärmeln und das Schnürmieder („Schnürleibchen"). Die festlichen Beidermanns-Faltenröcke waren bis zur halben Höhe hinauf mit buntblumigem Stoff besetzt. Die Jacken hatten, wie die vor dem Walde üblichen, einen breiten, mit Falten umnähten Kragen.

Der Abendmahlsanzug war durchaus schwarz. Zum Gevatterstehen setzten die jungen Mädchen „Paketerchen"-Kränzchen auf, wie anderwärts (Steinbach-Hallenberg) das rote Schnürheid.

Man trug große, schwerfällige, weite Tuchmäntel mit langen Kragen, die wieder von befransten Samtkragen überdeckt waren, wie der Schönstädter Kirchenmantel. Die Mütze (Tafel 13, Abb. 1, Fig. 2). ist spitz, wenn auch nicht so scharf zulaufend wie die des Eichsfeldes. Sie erinnert mehr an die Hauben des oberen Schwarzatales (vgl. ebendort Fig. 3). Das Mützenstückchen liegt ganz in der Tiefe und besteht bei den Festhauben aus Gold- und Silberstoff. Breit und schwer sind die Bänder; zum Teil enden sie in Chenillefransen. Ein besonderes Band lief unter dem Kinn hin und reichte von einer Backenseite zur anderen, eine Einrichtung, die ich sonst nirgends in Thüringen getroffen habe.

Die Mannsleute haben bis vor kurzem noch Kniehosen getragen, dazu Schaftstiefel, kurze kattunene Jacken, blaue Kittel. Auf dem Kopfe nickte die Zipfelmütze.

Die alte Mühlhäuser Bürgertracht des 18. Jahrhunderts lernen wir sehr anschaulich kennen in der reich mit getuschten Zeichnungen versehenen Baderschen Chronik im Städtischen Archiv der ehemaligen Reichsstadt. Es sind Männer und Frauen in den bunten Gewändern des Rokoko, die dort durch die Straßen und Gärten der alten Stadt schreiten. Zum Beispiel S. 452 vom Jahre 1725: Eine Frau in grüner, pelzbesetzter Jacke, rotem Reifrock, blauer, weißblumiger Schürze. Ihre mit Spitzen umrandete Haube gleicht der Schmalkalder Festhaube auf der Wilhelmsburg — ein Fingerzeig für die Zeitbestimmung der letzteren.

Braut und Bräutigam von 1743 tragen beide ein grünes Krönchen. Die Braut hat einen goldgestickten Brustlatz; ihre Jacke ist tief ausgeschnitten. Aus den halbweiten Ärmeln fallen breite Spitzen.

4. Schönstädt bei Langensalza

Die alte Stadt Langensalza ist umlagert von einem Kranz ungemein stattlicher, wohlhabender Dorfschaften. Einst sproßten auf den oftmals vom Kriegsgetümmel durchbrausten Fluren die blaugrün schimmernden Rosetten des Färberwaids; gegenwärtig ist die Gegend die Hauptanbaufläche für den Nordthüringer Gemüsebau.

Selbstverständlich hat sich der Bauernreichtum auch in der alten Tracht ausgeprägt. Die Gewandung im Dorf Schönstädt westlich von Langensalza soll als kennzeichnend für diesen Teil der Unstrutniederung besprochen werden. Die eigenartigste Abweichung besteht in dem ganz kurzen „Liebchen“ und Schnürliebchen, das über dem Rockbund und seinem — des Liebchens — unterem Rand einen etwa 8 cm breiten Zwischenraum läßt, der von dem bunten Brustlappen unter dem Liebchen ausgefüllt wird (Tafel 15, Abb. 2). Die ganze Tracht der Gegend ist, wie die Bauerngestalten selbst, weniger anmutig als wuchtig und prunkvoll, wenigstens soweit die Festgewänder in Frage kommen (Tafel 15 und Abb. 65 und 66).

Abb. 65. Kirchentracht von Schönstädt bei Langensalza

Der schwere Tuch- oder Flanellrock war auffallend lang; dennoch wurde er von der reich mit Samtband und Frisur ausgestatteten Woll- oder Seidenschürze an Länge noch übertroffen; sie war mindestens 5 cm länger als der Faltenrock. Zu diesem Trachtengebäude des Kirchenanzugs gehörte noch der sehr gewichtige wollene Kragenmantel — nur ein kräftiger Bauernkörper konnte diese Last schleppen (Abb. 65).

Sehr hübsche und geschmackvolle Einzelheiten zeigen die Stickereien an den Miedern und die Stick- und Webmuster der Tücher und Bänder. Letztere spielen eine große Rolle bei der Ausstattung der Schürzen und vor allem der Hauben, und große Summen wurden aufgewendet, um durch möglichst schwere seidene, mit Goldstickereien und Tressen beladene Bänder (Tafel 15, Abb. 1) die Nebenbuhlerinnen in der Nachbarschaft auszustechen. Jede Bauernlade beherbergte außer der Kirchenhaube, hinter deren steilem Faltenaufbau der Tressenschmuck hervorlugte (Abb. 65), noch eine Anzahl stolzer „Weimarischer Mützen“ in den prachtvollsten Ausstattungen (Abb. 25).

Die Beschreibung einiger besonders prächtiger Gewandstücke mag den Reichtum dieser Bauerntracht verdeutlichen.

1. Schnürmieder aus schwarzblauem Tuch: Um den Ärmelausschnitt liegt sehr breites, in Quetschfalten gelegtes Seidenband, dunkelkarminrot, mit hellroten, grünen und blauen Blättern. Der sehr weite Brustausschnitt ist mit breiter Goldspitze mit Blätterumrandung abgeschlossen. Die vorderen Schließriegel sind mit doppelter Goldgimpe besetzt.

2. Schönstädter Festhaube (Tafel 15, Abb. 2). Vorn um den unteren Stirnrand sind schmale Goldlitzen gesetzt, das obere Faltenband hat einen Abschluß von Gold-

1 2 3
1. Drei spitze Hauben: 1 Hildburghausen, 2 Windeberg bei Mühlhausen, 3 Deesbach im oberen Schwarzatal

1 2 3
2. Kleinschmalkalder Trachten: 1 Trauerhaube, 2 Konfirmandin, 3 Sonntagshaube

spitzen. Das Mützenstück besteht aus Goldstoff. Die Bänderschlupfen sind mit je drei goldenen Apfelblüten besetzt, in erhabener Stickerei, unterlegt mit glänzend rotem Schlagblech („Lahn"). Die Stiele bestehen aus gelben Glasperlen; angereihte gelbe Glasperlen umranden die äußeren und inneren Blütenblätter. Den Abschluß der langen Hängebänder bilden je drei goldene Apfelblüten über der breiten, schön gewebten Goldborte mit Goldfranse.

Abb. 66. Brauttracht in Schönstädt bei Langensalza

3. Überaus prachtvoll ist die Brauttracht im Kreis Langensalza, ganz in Lila und Gold getönt (Abb. 66). Aus schwerem dunkellila Tuch ist der Faltenrock, am unteren Rand mit lichter lila Seide und Goldspitzen besetzt. Frisurenschürze und Jacke sind aus geblümter lila Halbseide. Die Ärmel, die Frisuren des Jackenkragens wie der Schürze sind mit Goldstickerei abgesetzt. Das kostbarste Stück aber ist die Goldhaube, deren Grundform ganz mit Goldstoff und Goldspitzen überzogen ist. Diese Spitzen erheben sich auf der Stirnseite vierfach übereinander, die eine der Lagen sticht in rotem Golde sehr wirkungsvoll ab. Der tiefliegende Teil des Mützenstückchens besteht aus Goldstoff, die aufrechte Hälfte aus herrlicher, rotunterlegter Goldspitze. Das Gesicht wird von breiter weißer Spitze umrahmt. Dreifache Bänder schmücken die Rückseite: die untersten aus schwerseidenem, schwarzem Atlasband, in Goldfransen auslaufend und am unteren und oberen Ende mit je drei sternförmigen Blumen in Gold und Silber bestickt; über die schwarzen Bänder fallen kürzere aus rotlila Blumenseide, gleichfalls mit Goldstickerei und Fransen, und obenauf endlich liegen die prachtvollen schweren Goldbänder. Auf den Bindebändern ist je eine goldene Apfelblüte mit einem silbernen und einem rot-silbernen Blatt gestickt; den Abschluß bildet eine Goldspitze. Natürlich gehörte zur Vervollständigung ein schwerer aus Dukaten und Filigranzieraten zusammengesetzter Mahlschatz (Abb. 66).

Den Festanzug des wohlhabenden Bauers aus der Langensalzaer Gegend: Lederne Kniehosen, Jacke mit silbernen Knöpfen, seidene Weste zeigt die Abb. 67.

5. Nördlich von Erfurt

Mehr oder weniger ähnelt sich die Tracht aller Dorfschaften zwischen Langensalza, Tennstedt, Straußfurt und Erfurt; überall herrschte als festlicher Putz die „Wiemersche Mötzen" in den prunkvollsten Ausstattungen. Um Herbsleben hatte diese Haube, die „Hohe Mütze", eine auffallend runde Form. Diese runden Mützenformen sind schon 1830 getragen worden. So bewahrt das Erfurter Museum eine solche mit blaugrün schillernder Perlenstickerei, eine Tulpe darstellend.

Abb. 67. Bauer aus Schönstädt bei Langensalza

Zur Binde der Weimarischen Mütze verwendete man Gold- und schwarzseidene Spitzen; bis zum Knöchel herab fielen die schweren gewässerten, mit Goldfransen und goldenen Sternen verzierten Zackenbänder. Dazu gehörte der Rock aus dunkler Seide, die licht geblümte Schürze aus gleichem Stoff und eine feinwollige oder seidene schwarze Jacke.

Eine zweite Festhaube dieser Gegend, die besonders in Thamsbrück und in den Heilingsdörfern (Neun-, Issers- und Kirchheilingen) getragen wurde, war niedrigbreit, in der Form der Thüringer „Kirchenmütze". Das schwarze Seidenband wurde vorne steif in die Höhe in enge Falten gelegt. Das Mützenstück war aus Goldstoff. Der mit Fransen besetzte Kopflappen wurde an die Mütze genäht und die Enden dabei als Schleife befestigt. Lange, schwerseidene Damastbänder gehörten auch zu diesem stolzen Schmuck.

In Vargula und weiter aufwärts in Döllstädt und Tonna ist noch lange, bis in die Mitte des 19. Jahrhunderts, das Thüringer Flitterheid getragen worden mit der kleidsamen Vervollständigung durch eine breite klare Spitze, die schleierartig über die Stirn fiel. Den Ausschnitt der seidenen Jacke füllte ein gesticktes Spitzentuch. Unter das kreuzweis verschnürte Schnürmieder wurde ein steifer Latz geschoben, mit kupferfarbiger Seide überzogen (ähnlich wie in Brotterode, Tabarz und der Vogtei).

Zum Abendmahlsanzug gehörte die schwarze Tuchjacke mit weißem Halslappen, ein schwarzseidener Damastrock, mit Band besetzt, weiße oder dunkelseidene Schürze, weißseidene Zwickelstrümpfe, Saffianschuhe mit hohen Absätzen und als würdevoller Abschluß der „Spanische Mantel“ mit dem „Dachkragen“.

6. Um den Ettersberg

Ostwärts von Erfurt, innerhalb der ehemals schwarz-grün-gelben (weimarischen) Grenzpfähle, hatte sich manches Eigenartige in der Tracht, besonders hinsichtlich der Hauben, herausgebildet: Alles geht da ins Breite, Lose. So war es schon Mitte des vorigen Jahrhunderts, wie Blatt 132 aus den Blättern für Kostümkunde (Neue Folge, Berlin, Franz Lipperheide) zeigt. Eine „Bäuerin in Werktagstracht aus der Gegend des Etterberges“ hat einen Heidlappen um den Kopf gebunden, dessen zwei Zipfel weit ausladend, wie ein Paar gewaltige Ohren, vom Kopfe abstehen. Außerdem trägt die Frau einen hellen kattunenen Kindermantel, ein buntes Brusttuch, braune Schürze, dunkelbraunen Rock.

Der danebenstehende Bauer hat schwarze Kniehosen an mit braunen, quastenbehangenen Strumpfbändern, weiße Strümpfe, Schnallenschuhe, braune zweireihige Weste, blauen, fast bis zu den Knöcheln reichenden Schoßrock, breitrandigen Filzhut.

In Hopfgarten bei Weimar, wo die Tracht seit den 80er Jahren des vorigen Jahrhunderts völlig verschwunden ist, erinnerten sich alte Leute noch folgender Gewandstücke: Das weite „Tanzhemd“ war, wie am Wald und um Saalfeld, aus vielen „Geren“ (Zwickeln) zusammengesetzt. Darüber wurde das „Brüstchen“ (Mieder) gezogen. Vom „Bängerheid“ (der Brautkrone) wußte niemand mehr etwas.

Die Männer trugen „Lädderquätschchen“, d. h. lange wildlederne Hosen (mit Latz), die unten zugeknöpft wurden. Die Strümpfe zog man darüber und steckte beides in die Schaftstiefeln. Anfangs sahen diese Hosen aus wie grauer Samt, verloren zwar in Wind und Wetter ihre Farbe, waren aber unverwüstlich.

Eine recht eigentümliche Abart der Weimarischen Mütze finden wir nördlich und nordöstlich von Weimar bis über Rastenberg hinaus. Die Grundform verändert sich nicht, doch ist der Überzug über die Stirnseite aus einem Tüllgewebe, das mit Chenille durchzogen ist. Und aus demselben Stoff hängen zwei mit Spitzen umrandete lange breite Bänder zu Seiten des Kopfes herab (Abb. 68). Vor diese Haube wurde ein seidenes, vorn zu einer großen Rosette geschlungenes Tuch gelegt; doch verzichtete man an manchen Orten auf jeden Heidlappen.

Um Weimar-Jena ist die Kopfschleife zu gewaltiger Größe angewachsen. So in Vogelsberg südlich von Cölleda. In diesem abgelegenen Dorf hat sich in einer Gutsbesitzerfamilie noch ein wunderschöner Anzug aus der Rokokozeit erhalten. Die Erlaubnis zur photographischen Nachbildung (Tafel 14, Abb. 2 und Abb. 69) wurde mir freundlichst von der jetzigen Besitzerin, Frau Rittergutsbesitzer Hesse in Wechmar bei Gotha, gegeben. Der Faltenrock, unten doppelt mit grüner Litze umnäht, ist aus starker Leinwand. Darüber zog man die rotdamastene Schoßjacke mit halblangen, vorn weiten Ärmeln, die festlich mit Spitzen umheftet waren. Die grünseidene Schürze mit langen Bindebändern band man *unter* die Jacke. Der wertvollste Schmuck war der steife Brustlatz aus grünem Samt mit prachtvoller Goldstickerei und Auflegearbeit.

Abb. 68

Abb. 69

Abb. 68. Weimarische Mütze mit chenilledurchzogenen Seitengehängen (Bändern). Rastenberg

Abb. 69. Rechts: Rokokoanzug aus Vogelsberg (Haube modern! Es gehörte eigentlich eine Backenhaube dazu wie auf dem Grabstein aus Grafentonna, Abb. 6). — Links: Frau mit wechmarischem Festmützchen

7. In der Goldnen Aue

Je weiter wir nach dem Harz und der Goldenen Aue zu gelangen, desto blasser sind die Erinnerungen an einstige Volkskleidung, desto magerer die Ausbeute an alten Trachtenstücken. Auch geringe Reste von Nachrichten müssen daher gesammelt und aufgezeichnet werden.

Aus der Gegend von *Sangerhausen* beherbergte die Trachtensammlung der Erfurter Industrieausstellung 1900 einzelne gut erhaltene Stücke: Mäntel aus dunklem Wollstoff mit dreifachem Kragen; dann kleine Mützchen, die aus einem breiten, mit

Seide überzogenem Reif bestanden, oben mit schwarzen Seidenpuffen geschlossen. Diese Häubchen wurden oben auf den Scheitel gestülpt.

Sehr wertvolle Hauben, aus einer wohlhabenden Gutsbesitzerfamilie in Bretleben bei Artern stammend, bewahrt eine nach Eisenach verzogene Familie auf. Die Form ähnelt der der Bürgerinnenmützen aus der Biedermeierzeit (vgl. Abb. 42); die Ausstattung ist sehr verschieden, aber überall reich und geschmackvoll. Zwei davon geben wir im Bilde (Abb. 70), sie bedürfen keiner weiteren Beschreibung. Der Stoff ist bläulicher Seidenbrokat mit eingewebten Goldblumen; die Breite der Schleierspitze beträgt 15 cm. Die dritte Haube ist mit schwarzseidenem geblümten Band überzogen; auf dem Mützenstück prangt ein Rosenstrauß in prachtvoller Chenillestickerei. Die vierte ist aus Silberbrokat mit eingewebten Blumen.

Abb. 70. Zwei Goldhauben aus Artern

Als echt thüringisch ist die Tracht der Goldenen Aue zu erweisen durch den Abendmahlsanzug. Die weiße Mullschürze, ebensolches Brusttuch, der schwarze Faltenrock gleichen der Nachtmahlstracht, die wir überall nach dem Walde zu gefunden haben.

Aus Nordhausen, dem nördlichsten Punkte unseres Gebietes, kann ich von keinen eigenen Funden melden. Daher berufe ich mich auf eine Abbildung, enthalten im zweiten Band (1902) von Friedrich Hottenroths Deutschen Volkstrachten, Tafel 2. Hier sind zwei Figuren abgebildet: „Bürgerliche Frauen, Nordhausen 1736." Leider ist die Quelle des Bildes nicht erwähnt, so daß ich nicht nachprüfen kann. Die Tracht des Kleides ist natürlich die des Rokoko, der Form nach mit der Rokokotracht aus Vogelsberg übereinstimmend. Der weite Rock hochrot, das ausgeschnittene Leibchen hell- und dunkelblau längsgestreift, mit gelben, dazwischengesetzten Tressen. Der Strohhut der Figur rechts, breit wie eine Kuchenschüssel mit gewaltiger, herabgeklappter Krempe, ist mir sonst nirgends in Thüringen begegnet, weder auf Abbildungen noch in Museen. Auch alte Kenner der Nordhäuser Geschichte erinnern sich keines ähnlichen Trachtenungetüms. Die zweite Figur trägt ein farbiges Rokokohäubchen. Das wertvollste Stück (im Sinne der Thüringer Tracht) des Bildes ist der Mantel, der genau dem Henneberger Mantel der jüngsten Vergangenheit gleicht (vgl. Suhl): Dunkelblaues Tuch, breiter Zackenkragen, ringsum (außer am unteren Rand) besetzt mit Goldtressen. Mäntel von gleicher Form, schwarzgrau oder dunkelrot, mit hellen Streifen, ohne Kragen, werden noch heute im Harz getragen. So verbindet ein charakteristisches Gewandstück den Trachtenbegriff „Thüringen" im nördlichsten, den Harz berührendem Punkte mit dem Südhang des Thüringer Waldes, der nach der Rhön hinübergreift.

8. Um Sondershausen

Den Schluß meiner Zusammenstellung Nordthüringer Volkstrachten möge die Schilderung der alten Kleidung aus der Schwarzburger Unterherrschaft bilden. Ich entnehme diese sehr wertvolle und für die Trachtenkunde unschätzbare Beschreibung einem Buche, das eine Fülle volkskundlicher beachtenswerter Beiträge enthält[1]). Da schon damals (1862) die Tracht „bis auf die letzte Spur verloren war", so ist die Schilderung spätestens auf das erste Drittel des 19. Jahrhunderts zu beziehen. Leider ist der dankenswerten Arbeit keine Abbildung beigegeben.

„Die Alten hatten besondere Kirchenkleider, die Männer ziemlich lange Tuchröcke, mit breiten übersponnenen oder guldengroßen messingenen Knöpfen, kurze lederne Hosen mit Schnallen, lange Tuchwesten mit vielen gewölbten Knöpfen, die Weiber große, blaue, faltenreiche Mäntel mit kurzem Kragen, der mit Sammet oder Goldtressen besetzt war, schwarze Bandmützen mit langen Schleifen und golddurchnähtem ‚Mützenstückchen' auf dem Mützenkopfe von Pappe, wieder besondere Abendmahlskleidung, die Männer kurze schwarze Röcke mit breiten überzogenen Knöpfen, kurze schwarze Hosen, lange schwarze, unten ausgeschlitzte Westen; die Weiber schwarze Mäntel, weiße, höchst saubere, eckige Bandmützen mit weißem breiten Kopftuche und dazu die gewöhnlichen Kirchenschuhe mit hohen, schmalen Absätzen, messingnen oder silbernen Krummschnallen, roten, blauen oder schwarzen Strümpfen mit weißen Zwickeln.

Dies alles hat sich bis auf die letzte Spur verloren. Jener Alten, die im dreieckigen Hute (Dreimaster) zu Markte gingen (einzelne noch 1810), den selbst unsere Schäfer, wie zäh sie auch sonst ihre Tracht, den blauen Tuchrock und den Lederranzel im Sommer, den weißen Schafpelz im Winter, erhalten haben, aufgaben, die weder Wein noch Bier im Keller hatten, ihren Kofent aus dem mit dem Rößchen gezeichneten ‚Koblenzer', nur Sonntags und zur Kirmeß aus dem Glaskruge, dort vom ‚Tresorchen' tranken, Salat und Speck zu den ‚Herrenessen' zählten, die keine Zeitung lasen, außer dem Gesangbuche nur noch die Gebete von Arnd, Schmolke und Cubach ... kannten, gedenken wir sehr gern."

„Der (gutgestellte) Taglöhner trägt Sonntags nicht, wie ehedem etwa der Schulze und Pastor, eine weiße, baumwollene Zipfelmütze, auch nicht einen „Bartel" wie der Freisaß, sondern eine Tuchkappe; nicht eine Jacke von Kattun, wie vordem der Anspänner, sondern von Tuch; nicht eine kurze, sondern eine lange lederne Hose, wie sonst der ‚Bereiter und Jäger'; nicht geschmierte Schuhe mit Gamaschen von blaugefärbtem Linnen, wie sonst ‚Seinesgleichen', sondern von Tuch, oder lange, steife, wohlgewichste Stiefeln, auch nicht mehr einen Rock von selbstgesponnenem Faden, die, zur Hälfte grün gefärbt, mit weiß gewebt, den sogenannten ‚Beidermann' (‚Salz und Gras') abgaben, sondern von Baumwolle oder Tuch, grüner oder blauer Farbe.

Butterbrot und Käse galt als Vorzug des reichen Mannes. ‚Wer Butter und Käse zusammen essen will,' sagt man, ‚muß zwei Häuser haben.'"

Endlich finden wir noch in Franz Schmidt, Sitten u. Gebräuche, a. a. O. S. 43f., folgende anziehende Schilderung einer Brauttracht aus dem betreffenden Gebiet: „... In einigen Orten des Schwarzburg-Sondershäusischen hat die Braut um den Hals

[1]) Die Land- und Forstwirtschaft des Fürstentums Schwarzburg-Sondershausen. Vgl. Literaturverzeichnis.

zwölf Schnuren weißer Perlen, an welchen Goldstücke befestigt sind. Die Tracht ist dort schwarze Schoßjacke mit offenen Bartenärmeln, darunter ein Spitzenhemd. Außerdem noch Müffe von grünem Samt, mit Pelz besetzt und auf der Hand mit Gold gestickt, dagegen keine Handschuhe[1]). Die Müffe werden in der Kirche ausgezogen und beiseite gelegt".

VI. Kapitel

Ost-Thüringen

Die Strecke des Landes zwischen der oberen Ilm im Westen und der oberen Saale im Osten, südlich begrenzt vom Rennsteig, umfaßt in buntem Wechsel den größten Teil der ehemaligen thüringischen Kleinstaaten: Sachsen-Weimar, die schwarzburgischen Fürstentümer, Sachsen-Meiningen, die reußischen Lande.

Ist somit das Gebiet stark zerstückelt, so schmelzen doch zwei aus sehr alter Zeit stammende Gemeinsamkeiten dies Gelände in Eins zusammen: Dichtes Schwarz-(Nadel-) Holz bedeckte seit alters den Nordosthang des Thüringer- und Frankenwaldes, und zweitens war ein großer Teil des Gebietes durch viele Jahrhunderte Sorben-(Slaven-) Land. Die Walddörfer entstanden mehrenteils aus späten Rodungen; die ältesten stammen aus dem 14. Jahrhundert. Auch vor dem Einsetzen der neuzeitlichen Porzellan- und Glasindustrie mit ihrem großen Bedarf an Arbeitern waren diese langzeiligen Schiefer- und Schindelhaus-Siedelungen von reichem gewerblichen Leben durchströmt, das seine Daseinskraft aus den Walderzeugnissen zog. Durch die Handelsverbindungen der Schachtelmacher und „Olitäten"- (Arznei- und Kräuter-) Händler entstand schon früh ein weitverzweigter Verkehr mit den nord- und süddeutschen Gegenden. Fuhrleute und zahlreiche „Balsamträger" oder „Laboranten" (Hausierer mit Pillen, Salben usw.) schafften die Erzeugnisse bunter Thüringer Kunstfertigkeit und Thüringer Fleißes bis jenseits der deutschen Grenze. Diesem Hin- und Herfluten der heimischen Bevölkerung ist es sicher zuzuschreiben, daß die Volkstracht sich frühzeitig verlor. Schon 1861 stellte Bertold Sigismund fest, daß „in den Waldorten die Volkstracht noch weniger von ihren alten Eigentümlichkeiten beibehalten habe, als in den Ackerbaudörfern". Der Verfasser der ausgezeichneten Schwarzburgischen Landeskunde erzählt von Kugelmützen („Bandmützen") der Frauen, die Sonntags „noch von älteren Frauen getragen würden, mit gesticktem Deckel und langwallenden, breiten schwarzseidenen Bändern". Soweit meine Nachfrage ging (1915), ist heutzutage die Tracht so gut wie verschwunden. In dem großen Dorf Möhrenbach trug eine einzige Alte noch die Kirchenhaube, in Meuselbach und Mellenbach gab es kaum noch eine in den „Laden" (hölzernen Truhen).

1. Oberes Ilmgebiet

Von einem lebenslustigen sangesfrohen Völklein ist das Schwarzburger Land bewohnt. Um so mehr fällt die düsterfarbige Kleidung der Frauen befremdend auf.

---

[1]) Dies wird ein Irrtum sein. Die „Müffe" sind eben Handschuhe. Vgl. Tabarz.

Dunkel und der lebhaften Farbe abhold, wie der größte Teil des „Schwarzwaldes" selbst, war auch die alte Tracht.

In Möhrenbach waren für die Frauen und Mädchen lange dunkle schwarzbesetzte Friesröcke üblich, natürlich aus selbstgesponnenem Tuch. Das weite Tanzhemd ist noch von Großmutters Zeit her bekannt. Die spitze Haube (Bertold Sigismunds „Kegelhaube"?) ähnelt sehr der fränkischen Haube. Die gleichen, röhrenförmig gelegten Tüllspitzen umgeben das Gestell. Auch die Rückenbänder, die aus dem Mützenstückchen aufsteigen, waren oben röhrenförmig angeordnet. Aus Perlen, Flittern und Silberdraht bestand die im übrigen nichts Eigenartiges bietende Stickerei des Mützenstückchens. Um die gewöhnliche Sonntagsmütze wurde zu Anfang des 19. Jahrhunderts ein seidenes Tuch gelegt, vorn mit einem Knoten gebunden. In der zweiten Hälfte des vorigen Jahrhunderts kamen Binden auf aus Band, das rosettenartig in Quetschfalten gelegt war. Diese Binde ist, wie es scheint, für ganz Ostthüringen in dieser Zeit, d. h. als letzte Tracht, charakteristisch gewesen, allerdings in mannigfachen ortsüblichen Geschmackswandlungen (Abb. 71).

Abb. 71. Sonntagsmützen mit Binde aus dem Schwarzatal. (Nach einer Zeichnung von R. Starke auf einer farbigen Postkarte im Verlag von Friedr. Martins Kunstverlag in Erfurt)

Ein alter Schachtelmacher in Möhrenbach erinnerte sich als besonderer Eigentümlichkeit einer „uralten" Männertracht: Kniehosen, hoher, weiter Zylinder („Hackklotz" genannt). Ein einziger alter Mann habe noch vor 60 Jahren den Bleikamm in den langen, zurückgestrichenen Haaren getragen. Dies ist das einzige, mir mitgeteilte Beispiel dieser ehemals in Ostthüringen verbreiteten Sitte.

In den Tälern, die vom Langenberg-Burzel, dieser prächtigen aussichtsreichen Wasserscheide zwischen Ilm und Schwarza, ausstrahlen, war im großen und ganzen überall die gleiche Tracht üblich. Hier hat sich, so erzählt Bertold Sigismund (a. a. O. S. 63), bis in die 60er Jahre noch die letzte Erinnerung an die einstige wendische Tracht erhalten: das teppichartige „Kirchentuch", dem wir auch auf dem Eichsfeld begegnen.

Ich konnte feststellen, daß dieses fremdvölkische „Altertum" in der eben besprochenen Gegend jetzt völlig verschwunden und vergessen ist. Wohl aber fand ich das interessante Stück weit oben im Gebirge noch leibhaftig vor, nämlich in Meuselbach. Wieder war es ein der bunten Schachtelmacherei beflissenes altes Ehepaar, das mir die Gewänder der Jugendzeit in alten Stücken und in anschaulicher Beschreibung noch einmal erstehen ließ. Der dunkle Fries- oder Leinenrock war mit dem Leibchen verbunden. Zum Tanz trug das Mädchen das bauschärmlige Mieder. Die Kopftracht war in den Ortschaften nach dem Rennsteig zu (Groß-Breitenbach, Meuselbach, Deesbach, Oelze usw.) gleich.

1. Weißer Kirchenmantel vom Eichsfeld

2. Links Frau mit wechmarschem Festmützchen
Rechts Rokokotracht aus Vogelsberg

Über die hohe, oben abgestumpfte, mit gewässertem Band umlegte Haube knotete man vor der Stirn ein Tuch, das auf schwarzem Grund lila oder grün gemustert war.

Die „Alte Tracht“ von Ilmenau, diesem Hauptort des oberen Ilmgebietes, und die des benachbarten Elgersburg unterschied sich von der Tracht der benachbarten Ortschaften, wie es scheint, nur durch die niedrigere Haubenform. Die schönen, im Besitz des Herrn Louis Siegfried befindlichen Pastellbilder des Gräserschen Ehepaars (den Gründern der Kaltwasserheilanstalt, 1837) sind äußerst lehrreich als „lebendiges“ Beispiel der zur Biedermeierzeit dort üblichen Kleidung (Abb. 72).

Abb. 72. Das Ehepaar Gräser aus Elgersburg (1837). Lichtbild von A. Ausfeld-Arnstadt nach Pastellgemälden in Privatbesitz

Auch ein turbanähnliches Kopftuch, ähnlich dem Heidlappen, ist im Schwarzwaldgebiet getragen worden.

Das Eigenartigste der Schwarzwaldtracht sind die Umhänge. Zur „Leiche“ und zum Abendmahl hat man den malerischen „Krückenmantel“ (Spanischer Mantel) umgetan; der war aber, wie es scheint, ein Wertstück nur für die Wohlhabenden. Sehr altertümlich muten die „Teppiche“ (mundartl. „Deppich“) an, die die Frauen zum Schutz gegen die Kälte um die Schulter schlugen.

In gleicher Anordnung, wie die eben genannten Hüllen, wurde das weiße Kirchentuch verwendet. Das Stück, das mir die alte Frau in Meuselbach vorzeigte, war aus starkem Leinendamast, gegen 2 m lang und $^3/_4$ m breit, etwas schmaler als obige Schutz-„Teppiche“. Wie mir die Leutchen versicherten, ist das „Kirchentuch“ bis in die 70er Jahre in Meuselbach, noch früher auch im ganzen oberen Schwarzatal getragen worden. Dieses „Kirchentuch" gleicht genau dem von mir beschriebenen gleichnamigen Kirchengewand des Eichsfeldes (Abb. 50). Beides sind ehrwürdig-seltsame Reste aus sorbisch-wendischer Zeit. Im Schwarzburgischen erinnert außer einer Anzahl Flurnamen an die seit tausend Jahren entschwundene Wendenherrschaft die bei den Slaven beliebte Mohnmilch („Mohnenditsche"), die zu manchen Kartoffelgerichten genossen wird (vgl. Bertold Sigismund a. a. O. S. 57).

Einen künstlerisch-freundlichen Schein hat der alte Frauenschmuck über die sonst so eintönig-ernste Gewandung geworfen. Silberne „Halsgeschmeide" und Filigranohrgehänge zierten Frauen und Mädchen bei Fest und Tanz.

In früherer Zeit kamen die Haaraufkäufer aus den Landstädten, wie überall in die Walddörfer, so auch in die Schwarzatäler. Diese Männer riefen in den Straßen: „Haarverkoof! Haarverkoof!" Da gaben die Mädchen einen Teil ihres schönen Haarschmuckes her und erhielten dafür ein buntes „Haartuch", das sie, mit einem weißen Tuch unterlegt, auf dem Tanzboden trugen. So erzählte mir die alte Meuselbacherin.

2. Das Schwarzatal

Von den übrigen Teilen der jetzt völlig verschwundenen Schwarzataltracht wurde mir folgendes berichtet: Die dunkeln, mit dem Mieder vereinigten Faltenröcke waren mit breiten, halbseidenen, schwarzen und gemusterten Streifen besetzt. Die Jacke („Kamisol") glich dem „Spenser" des Werratals. Festtags putzte man sich mit einem feinen schwarzseidenen, blau- oder grünumrandeten Brusttuch, dessen Zipfel mit Chenillespitzchen besetzt waren. Zum Tanz zog das Mädchen unter das Rockleibchen eine Art Untermieder aus feinem weißen Linnen an. Darüber kam der bunte Brustlappen.

Zum Abendmahl war außer dem schwarzen Anzug die Kegelhaube üblich und der schöne Krückenmantel. Unter dem dunkeln Halstuch sah ein weißer Mullstreifen hervor. Über eine alte Brauttracht war nichts mehr zu erfahren. Als doppelt wertvoll erscheint mir daher die Spur des Thüringer „Bängerheids", die ich unfern von Königsee in dem Dörfchen Lichte auffand.

Man zeigte mir dort in einem Bauernhaus ein aus den 40er Jahren stammendes Brautkrönchen in Kranz- (Schapel-) Form. Der Schmuck bestand aus gefältetem grell grünem Band; ein Schleifenbusch von breitem Band bildete den hinteren Abschluß. Um den Hals ist dazu eine weiße, mit grünem Band durchflochtene Tüllrüsche getragen worden.

Das altertümliche Achselhemd ist hier noch bekannt. Darüber zog man zum Tanz die „Ärmel", d. h. das Leinenmieder mit den halblangen bauschigen Ärmeln[1]).

Abweichend von der sonst düsteren Tracht der Gegend wurde mir in Lichte ein frisch-jugendlich anmutender Konfirmandinnenrock gezeigt, besetzt mit einem $^1/_2$ m breiten, blau-rot schillernden Seidenstreifen.

Über die alte Männertracht des soeben behandelten Schwarzburger Landes weiß Bertold Sigismund (a. a. O. S. 60f.) noch mancherlei zu berichten. Er sagt: „Ein Bauer von 1800 würde seine Nachkommen als Bewohner der eigenen Heimat kaum

[1]) Justi, a. a. O. S. 32: In Bayern wird das Übermieder Ärmel genannt, weil die Ärmel das Hervorstechendste sind.

wiedererkennen. Fast völlig verschollen ist seit dem laufenden Menschenalter der Dreimaster, der Pelzbartel, der Bleikamm (vgl. Möhrenbach!). Der schwarze Mantel, der zu Leichenbegängnissen und zum heiligen Abendmahle umgetan wurde, der fersenschlagende, großknöpfige Rock mit Stehkragen und die lederne Kniehose ..."

„Mütze und Jägerhut haben den schwarzen Röhrenhut (s. Möhrenbach!) aus Filz verdrängt, die Joppe den langen Rock; den Schafpelz und die wollene Lebelangsmütze tragen nur noch ältere Bauern. Der blaue Leinwandkittel ist besonders in den ehemaligen Fuhrmannsdörfern allgemeine Männertracht geblieben ..." Leider muß ich berichten, daß auch dieses ehrwürdige Trachtenstück mehr und mehr schwindet.

Aus noch früherer Zeit stammt das Bild eines „Balsemhändlers" (Arzneikräuterhändlers) des oberen Schwarzatales. Die Trappsche Chronik der großherzoglichen Bibliothek in Weimar (1799) hat uns diese wertvolle „Trachtenurkunde" unter vielen anderen erhalten. Der Mann trägt einen braunen Schoßrock, rote Weste, weißes Halstuch, braune Lederhose, Gamaschen, schwarze Schuhe. Auf dem Kopf sitzt der schwarze Dreispitz. Das gefüllte „Reff" trägt der Olitätenhändler auf dem Rücken.

3. Frankenwald

Im Zoptental zwischen Neuhaus a. R. und Gräfental ist die Erinnerung an die alte Tracht nur noch bei ganz alten Leuten lebendig. Zu sehr haben die von Haus zu Haus eingenistete Fabrikarbeit, der durchflutende Fremdenverkehr und — zum Teil — auch die Armut der einstigen Volkskleidung den Garaus gemacht. Nur in Lippelsdorf und Gebersdorf werden die Bänderhauben noch von alten Leuten in den Laden bewahrt.

In diesem Seitental des Loquitz-Saale-Tales tritt, im Gegensatz zu der etwas düsteren Grundstimmung, in den Gewandungen eine lichtere Farbentönung auf, besonders in der Männerkleidung.

Die Frauenröcke sind ungewöhnlich kurz, „nur bis zu den Waden reichend", mit sehr breitem bunten Besatz; am Rock saß das „Mieder" (Leibchen). Darüber zog man zum Schutz gegen die Kälte die unkleidsame lose Sackjacke, die „Kutte".

Zum Tanz wurde das Hemd mit bauschigen Ärmeln, die vorn mit einem Zug und mit bunten Schleifchen versehen waren, angelegt. Das eigentliche „thüringische Mieder" scheint man also hier nicht gekannt zu haben. Dazu gehörten weiße Strümpfe und recht bunte „Rosetücher".

Eine wichtige Rolle in dieser rauhen Gegend spielte natürlich der Mantel. Für weitere Entfernungen und für den Kirchgang war er wattiert, von buntem Kattun, mit dreifachem Kragen. Der oberste bestand bei den Wohlhabenderen aus mit Fransen besetztem Samt.

Als (jetzt längst verschwundene) Haubentracht wurden mir Mützen gezeigt, die den „Deesbacher" glichen: ziemlich hoch, unten abgestumpft, mit davor gebundenem, schmalgelegtem, geknotetem Kopflappen.

Die Braut trug dunklen, mit Samtstreifen besetzten Tuchrock. Ob die unten (Saalfeld) beschriebene Brautkrone auch in Gräfenthal in Gebrauch war, konnte ich nicht erkunden.

Wirklich malerisch-geschmackvoll kleideten sich die Männer. Hier folgt die Beschreibung eines Bräutigamsanzuges in Lippelsdorf aus der ersten Hälfte des vorigen Jahrhunderts: Kurze schwarze Samthosen mit Quasten, ausgeschnittene Weste mit zwei Reihen silberner Knöpfe; anliegendes, vorn offenes „Koller" (Jacke), „Dreispitz", rotseidenes Halstüchle, weiße Strümpfe und Schnallenschuhe.

Daß in dem stattlichen Fuhrmannsflecken Gräfenthal die „blaue Zunft" eine Hauptrolle spielte, ist selbstverständlich. Das allbekannte Zunftgewand für dieses wichtige Gewerbe ist der blaue Leinenkittel, der nach wechselnder Mode und persönlichem Geschmack auf Achselstücken und Ärmelbündchen mannigfach bestickt wurde. Daheim trug der Fuhrherr den dunkelblauen Leinenkoller und die kurze Jacke mit großen Metallknöpfen. Ich sah solche, die ein kunstvoll eingeritztes Einhorn schmückte. K. Wagner (Volkstümliches in der Oberherrschaft Schwarzburg-Rudolstadt; Thür. Mbl. 1895, Nr. 9) erzählt, daß die Wohlhabenden Lüneburger Zweigroschenstücke verwendet hätten.

Herrn Forstmeister Aug. Freysoldt-Sonneberg (früher in Gräfenthal) verdanke ich nachfolgende wertvolle Angaben über die alte Fuhrmannstracht in Gräfenthal und Umgegend: Die Fuhrherren selbst putzten sich mit der schwarzen Samtjacke und Kniehose. Darüber wurde der blaue Leinenkittel mit gestickten Achselstücken gezogen, der auf der Achsel geschlossen wurde. Die gelben Tuchgamaschen, die sich der Handelsmann aus dem Harz mitgebracht hatte, befestigte er oberhalb der Wade mit roten gestrickten Strumpfbändern. Die Füße waren durch derbe rindslederne Schuhe geschützt. Auf dem Kopf saß der niedrige Filzhut mit Schnur und Quaste. Der Stolz des Fuhrherrn war die Ulmer Pfeife aus Buchsbaum; sie war mit silbernem Kettenbehang und feinem silbernen Beschlag verziert und kostete 20 Gulden.

Einfacher war natürlich der Anzug der Fuhrknechte. Ihre Jacke war aus schwarzem Tuch, dazu gehörte die schwarze Lederhose. Auf dem Marsch trugen sie lange Wickelstiefel, die heruntergeklappt werden konnten. Sonntags putzten sie sich mit weißen Strümpfen und Schnallenschuhen. An ihrem Kommandostab, der Peitsche, baumelte die bunte Quaste.

In Lehesten ist die Tracht bis in die 80er Jahre üblich gewesen. Jetzt geht dort alles städtisch und von den alten Gewandstücken ist auch leider nichts mehr aufzutreiben, weil in den großen Bränden das meiste zugrunde ging.

Im Kopfschmuck scheint der Einfluß von jenseits des Rennsteigs maßgebend gewesen zu sein, denn hier hat der „Hader" geherrscht, jenes steife, helmartig aufgestülpte Ungeheuer, das seine auffallendsten und umfangreichsten Formen in der Gegend von Steinbach v. W. und Teuschnitz schuf.

Als charakteristische weibliche Kopfbedeckung in der Gegend um Schmiedebach, Wurzbach, Oßla, aber auch im Unterland um Leutenberg, Weitisberga bis nach Ziegenrück ist die „Schleifenhaub" getragen worden (Abb. 73). Sie gleicht in der Hauptsache der Ilmenauer Haube. Ihre Grundform ist ähnlich der Weimarischen Mütze; an Stelle der Feder- oder Spitzenbinde ist ein großes Tuch mit über der Stirn abstehenden Schleifen oder „Marschen" vorgelegt.

Am längsten haben sich diese Hauben bei der Abendmahlsfeier erhalten. Um die Hauben sicher zu befestigen, war es in der Schleizer Gegend um 1848 Sitte, das Haar völlig abzuschneiden.

Eine weniger schöne als stattliche Brautkrone ist in diesem ganzen Gebiet, wie mir überall bestätigt wurde, üblich gewesen, ähnlich dem „Flitterheid" der Waldsaumstraße, nur weit größer. Die ostthüringische Brautkrone war, wie ein im Saalfelder Museum

Abb. 73. Buschhaube und Trauerhaube aus Wurzbach

befindliches Stück beweist, zusammengesetzt aus verschiedenen, mit grünem Seidenpapier umwundenen, mit Draht verbundenen Ringen. Sträußchen („Paketle") von künstlichen Blumen, von Perlen und Flittern sind so eng auf diesen Ringen befestigt, daß sie insgesamt einen kegelförmigen Aufbau bilden. Noch eine dritte, ganz eigenartige Kopftracht beherbergte das obere Sormitzgebiet, die „Buschhaube". Sie wurde in zweierlei Formen getragen, abgestumpft-tütenförmig und flacher, mit goldenem oder silbernem Haubenfleckle. Dabei war sie bedeutend niedriger als die Deesbacher Mütze, und wurde zu den verschiedenen Gelegenheiten des Gebrauchs in mehrfacher Art angefertigt. Jeder Abart aber war der hochstehende „Kikelhahnskamm" am Hinterkopf eigen und die Bindebänder unterm Kinn. Die eigentliche Kirchenhaube beschränkte sich auf den einfachen Bandschmuck; der Trauerhaube wurden breite Tüllspitzen schleierartig über der Stirn und längs der Wangenbänder eingeheftet (Abb. 73, rechts). In duftigem Weiß schimmerte die Buschhaube der jugendlichen Gevatterinnen, vor allem eine mit Goldtressen verzierte Brauthaube. In Hebedorf, Oßla, Grumbach a. R. und besonders in Wurzbach ist die Buschhaube getragen worden, aber, wie mir versichert wurde, nicht in allen Ständen: Sie galt als eine Tracht der Vornehmen. Und eigentümlicherweise erinnern auch die Bandschleifen am Hinterkopf lebhaft an die Bürgerinnenhauben in Schmalkalden und Waltershausen.

Außerordentlich farbenfreudig und kleidsam war der Brautanzug des reußischen Landstriches um Burgk, Schleiz, Lobenstein, Wurzbach, Schlegel, Lichtenbrunn usw. Der buntseidene Zwickelrock reichte bis zu den Knöcheln. Die Jacke mit halblangen („Ellenbogen"-) Ärmeln hatte viereckigen Ausschnitt, welcher durch das duftige Spitzentuch ausgefüllt wurde, das man im Rücken zu langem Zipfel schlang. Die Füße waren mit weißen, buntgezwickelten Strümpfen und ausgeschnittenen Schnallenschuhen („Schleicherschuhen") bekleidet. Weißbaumwollene Handschuhe und eine silberne Halskette durften nicht fehlen.

Stattlich nahm sich auch der Bräutigam aus in seinem „Flügelrock" mit kurzer Taille (die „Flügel" reichten bis unter die Kniekehlen) und mit großen Metallknöpfen, bunter, ausgeschnittener, mit vielen kleinen, dicht aneinandergesetzten Knöpfen verzierter Weste, schwarzseidenem Halstuch, schwarzer Hose, langen Stiefeln.

In gedämpften Farben war der Kirchenanzug der Frauen gehalten. Das Mieder (an den Rock genähtes Leibchen) wurde von der dunkeln, bauschärmeligen Jacke („Spenser") aus Tuch verdeckt; ein breiter dunkler Kragen umgab den Hals. Vom kurzen, dunkeln, in weite Falten gelegten Tuchrock, mit Saum oder Fransen besetzt, hob sich die buntseidene, mit bunten Bändern und Schleifen ausgeputzte Schürze wirkungsvoll ab. Das Haar wurde vorn zu Zöpfen geflochten und zwischen diesen und der schwarzen, tütenförmigen „Schleifenhaube" lag das Stirnband.

Zum Sonntag trugen die Frauen und Mädchen bunte Röcke und Kopflappen von bunten Seidentüchern.

Der Sonntags- und Werktagsanzug der Männer bestand aus kurzem Leinen-„koller" und dunkler Hose; zum Tanz band der Bursche eine blaue Leinenschürze vor.

Einige Besonderheiten wurden mir von einer alten Frau in Weitisberga (nordöstlich von Lehesten) mitgeteilt. Die Buschhaube war dort nicht gebräuchlich, wohl aber die „Schleefenhaube". Der Kopfschmuck der Braut bestand aus „Paketerchen" (künstlichen Blumengewinden), an der Seite mit rosenroter Schleife zusammengehalten.

Das Abendmahlgewand war ganz schwarz; den Rock zierte ausgeschnittener Samt. Über dem Spenser lag das schmalgefaltete „Gurgeltuch", das kreuzweis über der Brust mit einem „Rinken" zusammengehalten wurde.

Ein Wertstück war der tuchene, zuweilen wattierte, ärmellose Kirchenmantel, der innen auf beiden Seiten Taschen hatte, um ihn zusammenhalten zu können. Zehn Ellen Tuch benötigte man zu einem solchen Krückenmantel. Auf meine Frage, weshalb die schönen „Schleefenhauben" nirgends mehr aufzutreiben seien, wurde mir erwidert: Jede Frau erhielt ihre Staatshaube mit ins Grab.

4. Im Saaletal

Saaleabwärts vom Einfluß der Schwarza, etwa zwischen Blankenburg und Kahla, besonders aber im Hexengrund bei Orlamünde, in Heilingen, Dorndorf und Engerde, wo man Sonntags noch 1916 alte Frauen mit der Kirchenmütze treffen konnte, hatte sich die Volkstracht bis in die 70er Jahre ziemlich ungestört erhalten.

Um den Leinenrock (Werktags) und den Tuch- oder Flanellrock (Sonntags) wurde die derbe blauleinene Schürze gebunden mit aufgedruckter, ringsum laufender Kante. Ein buntes Taschentuch steckte man beim Kirchgang in den Schürzengürtel.

Der Kirchenmantel hatte die plumpe Form des Thüringer Kindermantels, aus Tuch oder Damast, ringsum faltig, wattiert und mit doppeltem Kragen.

Die **Haube** ist etwas spitzer als die Weimarische Mütze (kegelförmig). An der Stirnseite sind 4—5 cm breite schwarze Spitzen eingeheftet. Von der Spitze der Haube (dort angenäht) fällt je ein Zipfel von schwarzer chenilledurchwebter breiter Spitze längs der Wangen bis zur Brust herab. Über den Rücken fallen die üblichen Bänder und Schleifen. Über der Stirnseite der Haube liegt eine glatte Binde von schwarzer Seide, darüber ein buntes, zu einer riesigen Rosette geformtes Seidentuch.

Sehr frisch und anmutig muß das Tanzgewand der jungen Mädchen gewirkt haben. Über das Tanzhemd wurde der leuchtend rote, faltig-weite Rock gezogen, von dem das bauschärmelige weiße Mieder und die weißen Zwickelstrümpfe grell abstachen.

Ein prächtiges „**Bräutigamshemd**", das nach uralter Thüringer Sitte von der Braut genäht und ihrem „Schatz" zur Hochzeit verehrt wurde, bewahrt aus dieser Gegend das Saalfelder Museum. Aus feiner Leinwand ist das Gewand gearbeitet, mit reicher Stickerei und Durchbrucharbeit am Umschlag, Kragen, den Achselstücken und am Brustschlitz.

5. Im „Holzland" (Altenburger Westkreis)

Im Altenburger Westkreis, dem „Holzland", hat die ganze „Umwelt", einschließlich der Tracht, ein so durchaus thüringisches Gepräge, daß wir hier die Saale überschreiten und wenigstens die „Täler" zu unserem thüringischen Trachtengebiet rechnen müssen. Sind es auch nicht besonders charakteristische Gewandformen, die wir hier finden, so lohnt es sich doch, das wiederzugeben, was ich im Frühjahr 1918 durch die Alten in den Dörfern über die Tracht ihrer Jugend erfuhr. Man kann die Volkskleidung dieser weltabgelegenen Ortschaften, die als letzter Trachtenausläufer etwa seit den 30er Jahren des vorigen Jahrhunderts herrschte, am richtigsten als „Leinentracht" bezeichnen, nach dem wichtigsten bodenständig erzeugten Kleiderstoff.

Blau- oder schwarzleinen war die Jacke des Bauern, die er zu der gelben Knielederhose als Alltagsgewand trug. Zum Sonntag legte der Hofbesitzer ein stattlicheres Gewand an: Den blauen Schoßrock mit doppelreihigen bleiernen Knöpfen, gleichfalls lederne oder samtene Kniehose, blaue oder weiße baumwollene Strümpfe, Schnallenschuhe, um den Hals den roten Halslappen. Auf dem Kopf thronte der „Dreistürzer" (Dreispitz), ein Schnabel vorn, zwei seitlich.

Die Frauen trugen Mieder und Röcke aus Leinwand, darüber seidene oder wollene farbige Schürzen zur Festtracht. Die runde Haube unterschied sich nicht von der benachbarten um Orlamünde. Die mir vorgelegten Mützenstückchen bestanden sämtlich aus Perlenstickerei, größtenteils in blau oder lila.

Die **Abendmahlstracht** ist in den Dörfern an der Roda durchaus schwarz gewesen. Doch entsann sich eine 80jährige Frau in Bremnitz bei Roda **weißer** Abendmahlsschürzen und Kopftücher (??). Von einer besonderen **Brauttracht** war nichts mehr bekannt.

VII. Kapitel

Altenburger Ostkreis

Südwärts durch einen Abschnitt reußischen Gebietes (Gera) und nördlich durch die preußische Provinz Sachsen (Zeitz) vom Westkreis getrennt, breitet sich das fruchtbare Gelände des Altenburger Ostkreises mit seinen wohlhabenden Städtchen und Dörfern aus: Ein seit dem Mittelalter wendisch besiedeltes Land. Die slavische Bevölkerung hat der ganzen Gegend ihren Stempel aufgedrückt. Auch die alte Tracht war durchaus verschieden von der deutsch-thüringischen Kleidung. Wohl keine mitteldeutsche Gewandung hat seit alters soviel Aufmerksamkeit erregt wie die eigenartige Altenburger Tracht.

Abb. 74. Altes altenburgisches Bauernpaar (nach F. Friese, aus Fr. Hottenroth, Deutsche Volkstrachten)

Bis zum Anfang des 18. Jahrhunderts kann man die eigentümliche Kleidung der reichen wendischen Bauern zurückverfolgen, dank den Beobachtungen und Schilderungen des Altenburger Gymnasialdirektors Friese, der in seinen „Historischen Nachrichtungen von denen merkwürdigen Zeremonien der Altenburger Bauern“ durch Wort und Bild eine anschauliche Beschreibung davon entwirft.

Ein Paar, das der Verfasser schildert und im Bilde darstellt (Abb. 74), sieht behäbig genug aus. Der bartlose Mann mit dem langwallenden Haupthaar trägt den spitzen, breitkrämpigen Lederhut, der fast einem mittelalterlichen Judenhut gleicht. Die lange Schaube mit den weiten, sackähnlichen Ärmeln hängt locker bis zu den Knien herab. Weite faltige Lederstiefeln umhüllen Beine und Füße.

Die danebenstehende Frau hat als Kopfbedeckung eine runde Pelzmütze angelegt, die das Haar verhüllt und nur ein helles Tuch, das am Hinterkopf befestigt ist, sehen läßt.

Vor den kurzen weiten Faltenrock ist die weiße Schürze gebunden, die am unteren Rand, rechts und links eingestickt, den Namen der Besitzerin und die Jahreszahl trägt. Der Oberkörper steckt in einem weißen Leinenmieder mit weiten halblangen Ärmeln; darüber ist ein Tuchmieder gezogen, das am oberen Rande mit breiter farbiger Borte eingefaßt ist. Dieses Obermieder, der Vorgänger des „Latzes“, ist schon damals nach dem Hals zu auffallend weit. Die Füße stecken in weiten Schuhen, die mit Pelz verbrämt sind; zu Festen werden von den Jungfrauen schwarze Strümpfe getragen.

Fast hundert Jahre später (1793) hat der Maler Kronbiegel die Volkskleidung des Altenburger Landes in Wort und Bild wiedergegeben.

Da Kronbiegel in sorgfältiger und liebevoller Weise die Kleidung seiner Heimat beschreibt, auch Bezug nimmt auf die Veränderungen, die im Laufe der Jahre mit der Tracht vorgegangen sind, und sein Buch reichlich mit Bildern ausgestattet hat, so können wir an Hand desselben und mit Hilfe der dritten Auflage seines Werkes, die, von dem Pfarrer C. F. Hempel in Stünzhayn bei Altenburg umgearbeitet und erweitert und mit neuen Bildern ausgestattet, 1839 erschien, die Entwicklung der Altenburger Tracht in den letzten 150 Jahren genau verfolgen.

1. Schönstädter Kirchentracht (Rückenansicht)

2. Schönstädter Festtrachten

Wie hat sich der Geschmack und die Mode in den drei Menschenaltern seit Friese gewandelt! Das, was diese wendische Tracht von der deutschen Westthüringens sondert und altertümlich erscheinen läßt, ist, wie Kronbiegel betont, die düsterschwarze Farbe, die den Bauern seit alters gesetzlich vorgeschrieben war.

Die Unterkleidung, das Hemd des Mannes, ist natürlich aus weißer Leinwand verfertigt, mit wundervoller Stickerei am halbsteifen Stehumlegkragen verziert und mit einem schwarzen Bande oder einem Schnällchen vorne geschlossen. Die Ärmel sind in zahllose ganz feine schmale Fältchen gelegt und an der Hand ebenfalls mit einem Bändchen versehen. Auch der Rücken des Hemdes ist am Schulterstück in Falten angesetzt. Zum „Einreiben" dieser schmalen, genau parallelen Falten in die Männerhemden, Frauenröcke und Frauenschürzen bediente man sich eines Reibsteins (Abb. 75) von der Form eines abgeplatteten Tropfens aus dunklem Glase von etwa 8 cm Durchmesser. Über das Hemd legt der Bauer das schwarze Brusttuch, die Weste, an. Dieses am Hals wie an den Ärmeln weit ausgeschnittene Kleidungsstück wird mit Hefteln (seltener mit Knöpfchen) an der linken Brustseite zugehakt. Halsausschnitt und Seitenschluß sind wirkungsvoll durch rote Einfassung hervorgehoben. Dieser rote Vorstoß wird geschmackvoll ergänzt und unterstützt durch die rote „Hosenhebe" (Hosenträger) aus Saffian (Abb. 76, Fig. 2). Zum Sonntagsstaat ist sie mit weißem Leder gefüttert, das seitwärts etwas hervorsteht und mit grüner Seide abgesteppt ist. Die beiden seitlichen und der mittlere Träger sind vorne und hinten mit messignen Haken an der Hose befestigt. Auf dem durch Hefteln geschlossenen Quersteg ist mit Blättchengold der Name des Besitzers eingebrannt[1]).

Abb. 75. Reibstein aus Glas zum Einreiben der Quetschfalten (Altenburger Ostkreis)

Die weiten schwarzen Pump-Kniehosen (Abb. 76, Fig. 2) sind aus 2—3 Bockshäuten gearbeitet. Unter dem Knie werden sie mit einem Riemen zusammengebunden. Kronbiegel schreibt, daß diese Hosensäcke reichlich ein „Sipmaß Getreide" aufnehmen können. Ihre Weite bewirkt, daß sie noch ein Stück über die Waden hängen. Sie kosteten etwa 10—12 Taler. Der obere Hosenbund, an den die Hosenhebe angeschlossen ist, besteht aus einem schmalen Riemen.

Das Haupt-Oberkleid des Bauern ist die „Kappe", die dem Rock der Biedermeierzeit im westlichen Thüringen sehr ähnlich ist. Diese Kappe ist an die Stelle der Schaube getreten, die Friese beschreibt und abbildet.

Die Kappe (Abb. 76, Fig. 1) ist aus schwarzem (am Sonntag aus feinem, werktags aus gröberem) Tuch gearbeitet, reicht bis unter die Waden, hat einen kurzen anliegenden Schoß und im Rücken zwei (später drei) scharfgeglättete Falten. Inwendig ist die Kappe mit grünem Flanell gefüttert. Sie wird mit Hefteln und Schlingen, auch wohl mit Knöpfchen geschlossen.

Die weiche Beschaffenheit der Wege nötigte zum Tragen derben Schuhwerks. Man trug hohe genagelte Stiefeln. Vorn war der Stiefel (zur Erleichterung des bequemen Gehens) gewölbt. Bei trockenem Wetter wurden dauerhafte, mit Riemen geschlossene Schuhe benutzt. Die Strümpfe sind im Winter aus dicker Wolle, sommersüber aber aus Leinwand geschnitten.

[1]) Ältere Personen tragen schwarze Hosenheben.

Der ehemals spitze Lederhut ist einem runden *Filzhütchen* mit eingedrückter Krempe gewichen. Die Haare werden nicht mehr lang herabhängend getragen, sondern am Hinterkopf gerade abgeschnitten, ebenso über der Stirn. Diese Haartracht war die „Kolbe".

Die Sommertracht bestand aus einer langen, aus weißem Tuch gefertigten „Kappe", die „*Weiße*" genannt (Abb. 76, Fig. 3, und Abb. 79). Die weiten bauschigen Ärmel waren oben in dichte Falten gereiht und so eng aneinander genäht, daß für den Rücken nur ein schmaler Streifen übrigblieb. Vorn sind sie durch schmale Bändchen geschlossen. Zum Schutz gegen Beschmutzung sind schwarze lederne, längere oder kürzere Aufschläge vom Hand-

Abb. 76. Altenburgische Bauern älterer Zeit (nach C. F. Hempel, 1837): 1 Auf dem Wege zur Stadt in der schwarzen „Kappe" und mit dem „Kober"; 2 Zu Hause in Bocklederhosen, die von der „Hosenhebe" gehalten werden; 3 In der „Weißen"; 4 Im Schafpelz

gelenk aufwärts aufgenäht. Die „Weiße" ist aus *einem* Stück gearbeitet, vorn herunter mit farbig gestreiftem Stoff (Zwillich oder Leinwand) gefüttert und mit schwarzem Leder (später an den Ärmeln mit schwarzem Samt) vorgestoßen und mit Hefteln und Schlingen zum Schließen versehen. Seitlich ist die Weiße etwa $^{1}/_{2}$ m aufgeschlitzt, so daß die schwarzen Hosen sichtbar werden.

Die Altenburger *Wintertracht* war praktisch auf den Schutz gegen die Kälte eingerichtet. Der Bauer zog über das Brusttuch und die Hosen einen außen schwarzgewichsten Schafpelz an (Abb. 76, Fig. 4), von demselben Schnitt wie die Weiße, abgesehen von den fehlenden seitlichen Einschnitten. Vordere Umrandung, Nähte, Achsel, Ellenbogen und der untere Teil der Ärmel waren zum Schutz gegen Beschmutzung mit schwarzen Lederstreifen besetzt.

Den Kopf schirmt eine mit Pelz besetzte, schwarze *Mütze*, auf die das schwarze Filzhütchen gestülpt wurde.

Graue, braune oder weiße dickwollige Handschuhe umschließen die Finger, ein leinenes Tuch liegt um den Hals.

Bei Wanderungen über Land hängt über der Schulter der geflochtene „Kober“ (von der Art wie er bei Schäfern und Fuhrleuten üblich war), und der rüstig ausschreitende Bauer stützt sich auf den eichenen oder Haselnußstab (Abb. 76, Fig. 1).

Späterhin hat man (nach Hempel, S. 31) enganliegende, festgeknöpfte, meistens grüne Jäckchen eingeführt („Spenser“); die für den Winter bestimmten waren mit Pelz oder Samt besetzt. Auch trug man später mit Vorliebe statt der Schafpelze die großen weiten Kragenmäntel („Manteng“ oder Matin genannt) wie in Nordthüringen, aus Düffel oder feinem grünen oder blauen Tuch.

Eine sehr eigentümliche Trachtenfigur, deren einzelne Gewandstücke (Hut, Kappe, Hose) sicher der spanischen Tracht des 17. Jahrhunderts entstammen, ist der Hochzeitsbitter (Tafel 17, Abb. 1), der schon zu Kronbiegels Zeit in seiner altertümlichen Kleidung kaum mehr auftrat.

Über dem Hemd trägt der Mann ein weites, rotgefüttertes Wams von schwarzem Leder, der „schwarze Schmitzkittel“ genannt. Die Taschen sind unter dreizipfligen Klappen verborgen. Darüber wird der „weiße Schmitzkittel“ aus steifgestärktem, weißem Kanevas gezogen, dessen Vorderbahnen auf der Brust übergeschlagen werden. Der Rücken ist eng gefältelt, die Vorderteile sind platt. Außerordentlich bauschig waren die Ärmel, die wie eine Glocke gestaltet, bis zum Ellenbogen über die schwarzen Unterärmel hinaufgezogen werden. Im Nacken ist ein Band angenäht; es hängt zur Hälfte bis zum Gürtel, zur anderen Hälfte bis zum Kittelsaum herab.

Ebenso unförmlich steif und weit wie die übrige Kleidung sind die schwarzen Leder-Pluderhosen.

Die Füße stecken in gewaltigen Stulpenstiefeln.

Auf dem Kopf trug der Hochzeitsbitter einen „altdeutschen“ hohen Hut mit sehr breiter Krempe. Oben war der Hut durch ein farbiges Seidenband zusammengefaßt und mit zwei Ringen („Kränzen“) geziert, zwischen denen ein niedlicher Strauß von Flitterlahn und grünen Wachsblättern befestigt war. Von dem Hutband flatterten lange grüne, weiße und rote Bänder bis auf den Rücken herab. Wenn eines der Brautleute Waise war, wurde ein schwarzes Band eingefügt. Mit seinem weißen Stabe, den eine bunte Quaste schmückte, wanderte der Hochzeitsbitter von Hof zu Hof, überall ehrenvoll aufgenommen, und lud die Gäste zusammen.

Wie überall ist auch in Altenburg die Frauentracht viel mehr Veränderungen unterworfen gewesen als die Kleidung der Männer. Wieder werde ich die Schilderungen von Kronbiegel zugrunde legen und die späteren Abweichungen nach Hempel ergänzen.

Das leinene Hemd ist, wie das des Mannes, um den Stehkragen fein gestickt, gesteppt, mit dem Reibstein geglättet und vorn mit einer schwarzen Schleife geschlossen.

Zum Werktagsanzug gehört das weit ausgeschnittene „schwarze Jöpchen“, eine Jacke aus getupftem „hämlichem“ (heimlichem) Kattun mit engen Ärmeln und mit weißem Flanell gefüttert. Im Ausschnitt der Jacke steckt der für die Altenburger Tracht so überaus bezeichnende „Vorstecker" oder „Latz". Er besteht aus einem vorn gewölbten, mit verschieden gefärbtem Stoff überzogenen Stück Pappe. Dieser Latz wird vorn mit wollenem Band kreuzweis verschnürt. Oft reicht er so hoch zum Kinn herauf und ist so weit, daß das Mädchen allerhand Kleinigkeiten, wie Messer, Gabel, Nadelbüchse usw. darin aufhebt, auch beim Schämigtun den unteren Teil des Gesichts in dieser „Latzgucke" verbergen kann. Immer war der Latz mit farbiger Seide besetzt.

Der Altenburger Frauenrock war im 18. Jahrhundert so weit und faltig wie im westlichen Thüringen; er reichte bis über die Knöchel und war aus halbwollenem Stoff verfertigt.

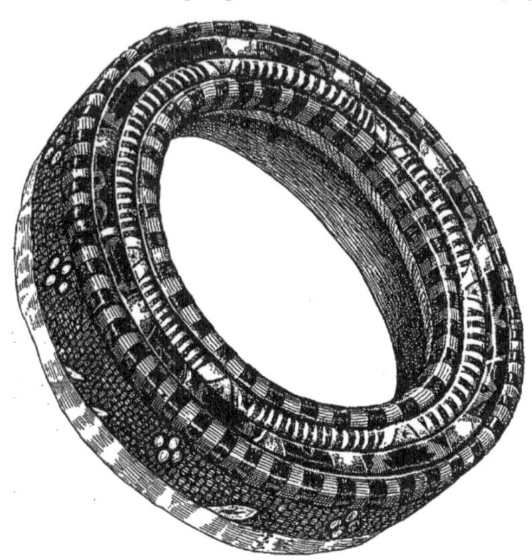

Abb. 77. Das „Nest"

Die vorgebundene Schürze, von brauner, schwarzer oder gelber Farbe, je nach Geschmack, ist in unzählige enge Fältchen gelegt.

Sehr eigenartig war der Kopfputz jener Zeit (Tafel 17, Abb. 2, Fig. 2). Das Haar wird durch Anfeuchten mit Wasser straff in die Höhe gezogen, in zwei Zöpfe geflochten, rund um den Wirbel zu einem „Nest" geformt und vermittels eines messingnen Stiftes in Löffelstielform festgesteckt. Dann bindet man als „Nestbinde" („Nestbänge") ein wertvolles rotes Band um den Zopfkranz, davor noch eine „Vorbinde" aus starker schwarzer Seide. Vorn ist dieses Band zu einer Schleife geknüpft.

In späterer Zeit wurde die Nestbinde durch einen runden, stoffüberzogenen Pappring von etwa 15 cm Durchmesser und 5 cm Höhe ersetzt, der oberwärts durch einen kleinen Wulst abgeschlossen wurde. Nach innen zu legten sich an diesen Wulst noch mehrere konzentrische Ringe an, jeder mit anders gemustertem Band überzogen, so daß ein oberseits nur teilweise geschlossenes festes Käppchen entstand, das ebenfalls „Nest" hieß und in Abb. 77 dargestellt ist. Um dieses Nest wurde dann die frühere Vorbinde gelegt und mit Holznadeln festgesteckt, die durch Handschnitzerei hergestellt waren und oberwärts meist in die Gestalt eines Hahnes oder Huhns ausliefen.

Sonntags oder zu Jahrmarktsausgängen zog das Mädchen über das Hemde enganliegende, farbige einzelne Ärmel an. Darüber kam das knappe, bis zum Gürtel ausgeschnittene Tuchleibchen, in welches der verschnürte Vorstecklatz gehört. Der Rock ist weitgefältelt, farbig (etwa aus grünlila und dunkelrot gestreiftem, feinem englischen Tuch) und wird vorn durch die stets weiße, ganz schmal gefältelte Schürze verdeckt, die bis zum Rocksaum reicht (Tafel 17, Abb. 2, Fig. 2).

Die gewöhnliche Bekleidung der Füße, die Strümpfe, sind aus Leinwand. Die Schuhe sind vorn gewölbt, wie die der Männer, werden mit Riemen gebunden und haben gelbe Absätze und Sohlen, während sonst im ganzen Land die gelbe Farbe höchst unbeliebt ist.

Der sehr altertümlich anmutende, dabei höchst kostbare schwarze Tuchmantel (ebenda, Fig. 3 und 4) ist ringsum in tiefe Falten gelegt. Von oben bis unten ist er innen an der Vorderseite mit Scharlach gefüttert, außerdem noch innen in Brusthöhe mit rot-weißer oder grün-weißer Borte sehr wirkungsvoll verbrämt. Solch ein Mantel kostet einschließlich Macherlohn etwa 30 Taler.

Im Nacken hängt ein Streifen Leinwand mit Spitze besetzt von etwa 25 cm Länge, „von Gestalt eines Haarbeutels" (Fig. 4). Kronbiegel sagt über diesen seltsamen Schmuck: „Was dieser Fleck vor Nutzen hat, kann ich nicht sagen, auch wissen die Bauern selbst nicht die Notwendigkeit zu beweisen, so viel ist gewiß, daß er bey großer Gala allemal da seyn muß, folglich also zum Ganzen gehört"[1]).

Der höchste Staat der alten Altenburger Tracht wurde in der Gewandung der Braut und der „„Hormtjungfern" erreicht (Tafel 17, Abb. 1, Fig. 2—4 und Abb. 82, Fig. ganz rechts), die die Braut zur Kirche geleiteten. Bei großen Hochzeiten war es öfters eine Schar von 30 Mädchen. Dieselbe Tracht wurde von den Jungfern angelegt, wenn sie Gevatter standen, und auch sonst bei besonders festlichen Gelegenheiten.

Die festliche Kopfbedeckung, nach der die Trägerinnen benannt waren, bestand in der Grundform aus einer zylinderförmigen, mit rotem Damast oder Samt innen und außen überzogenen Schachtel. 13 silberne (oder tombakene) Täfelchen umgeben das Hormt. An diesen Plättchen hängen 52 silberne, stark vergoldete, kirschblattähnliche Zierate an silbernen Stiften. Sie flimmern weithin im Sonnenschein und klirren bei jeder Kopfbewegung an die untergelegten Täfelchen. In reichen Familien bestanden die Grundplatten und die Plättchen des Hormts aus Dukatengold, die die Plättchen tragenden Knöpfe aus vergoldetem Silber. Am hinteren Teil des Hormts befestigt erheben sich zwei dicke Zöpfe nach der Stirn zu, wo sie am Kopfputz anliegen.

In alter Zeit wurden die natürlichen Haare eingeflochten; später bestanden die Zöpfe nur aus mit grünem oder rotem Samtband umflochtenem Werg. Das eigentliche Jungfernkränzchen aus Silber- oder Goldlahn (bei der Braut überdeckt von einem zweiten aus grünen Seidenblumen), untermischt mit Flittern und Glasperlen und mit einer vergoldeten Gewürznelke bekrönt, saß „wie ein Fingerhut" gestaltet zwischen den künstlichen Zöpfen. Mit dreierlei roten Bändern und Schleifen war das Hormt auf dem Kopf befestigt: eine Schleife lag am hinteren Ende der Zöpfe; die zweite mit langen über den Rücken wallenden Bändern über der eben genannten Schleife; zwei weitere Bänder waren am Hormt über den Ohren angenäht und wurden unter dem Kinn zur Schleife gebunden.

Zur Tracht der Hormtjungfrau gehörte in alter Zeit (18. Jahrhundert) vor allem die rote Jacke. Sie hatte außerordentlich weite Bauschärmel, die am Handgelenk mit einem Bändchen schlossen. Der faltenlose Rücken war wie bei der „Weißen" schmal, da die Ärmel eng aneinanderstanden. Vom Gürtel ab fiel die Jacke, in unzählige Fältchen gereiht, weit auseinander. Die vorderen Bahnen waren wieder glatt und mit großblumigem Kattun oder Stickereien gefüttert. Damit diese bunte Pracht zur Geltung kam, schlug man die Seitenteile auseinander. Der Halsausschnitt, die Ärmelbündchen und die Vorderbahnen waren mit grünem Samtband verbrämt. Als Schmuck wurde

[1]) Sollte dieser Ärmelhals nicht den „Nünsterzipfel" Westthüringens und des Werratals vertreten, das Sinnbild der Jungfräulichkeit?

ein schwarzsamtner oder tuchener Latz vorgesteckt („wie eine kleine Ofentür“, Kronbiegel). Im Nacken der Hormtjungfer prangte der Ärmelhals.

Ein schwarzer, eng gefalteter weiter Tuchrock, vorn mit ebenso eng gefältelter, steif gestärkter Schürze geziert, bedeckte den Unterkörper des Mädchens. Die Füße waren mit schwarzen (später weißen) Strümpfen bekleidet und von den schon beschriebenen Schuhen umschlossen.

Zum Kirchgang wurde als wertvollstes Stück der schwarze Tuchkittel angelegt. Er beanspruchte 12—14 Ellen Stoff und etwa 6 Wochen Arbeit. Ringsum (außer an den vorderen Bahnen) war er in dichtgereihte Falten geschoben, die außerdem durch Eintauchen in Leim so gesteift waren, daß man das Gewand wie eine Glocke auf die Erde stellen konnte. In der platten Vorderbahn war eine Klappe, die man „zu gewissen Verrichtungen benutzen konnte“ (Kronbiegel), wenn man den Mantel herumschob. Dieses Oberkleid hing an einem starken ledernen Bund. An Jacke und Mantel waren vorn schiefstehende Falten verdickt zusammengezogen; dies wurde „die Aufschwänze“ genannt.

Unter dem Mantel wurde meistens sowohl zur Sommer- wie zur Winterszeit ein Pelz getragen.

Weitere, im 19. Jahrhundert verschwundene Trachtenstücke betreffen hauptsächlich den Kopfputz. Rock, Schürze, Latz und Jöpchen bleiben sich dabei zu nichtfestlichen Gelegenheiten gleich.

Die Schute des Werratals, im Altenburgischen „Schophut“, in beiden Gegenden „Pferdskopf“ genannt[1]), jener außerordentlich praktische und auch kleidsame Strohhut, der das ganze Gesicht umrahmte und unter dem Kinn mit einer Schleife befestigt war, wurde zu Ausgängen und bei der Feldarbeit aufgesetzt.

Am dritten Tag nach der Hochzeit kleidete sich die junge Frau in das „kleine Häubchen“. Dies ist ein rundes Pappdeckelchen, mit schwarzem Leder oder schwarzer Seide überzogen. Ringsum läuft ein gefälteter Rand von Seidenband; in die Stirn schiebt sich eine Schneppe („Schnepfe“), und ein über den Ohren angenähtes schwarzes Seidenband endigt unter dem Kinn mit einer Schleife. Zuweilen band man um das Häubchen von vorn nach hinten ein buntes leinenes, steif gestärktes Kopftuch, dessen Enden weit vom Hinterkopf abstanden.

Eine Sommer-Kopftracht, „die Kopfschürze“ genannt, ist schon vor Kronbiegels Arbeit verschwunden gewesen. Diese Hülle bestand in einem, weit über die Stirne vorspringenden Schutzhut aus weißer Leinwand. Hinten herab hingen die zwei Enden des Tuches. Der obere Teil desselben war zu einer aufrechtstehenden „Kuppe“ zusammengeschnürt. Kronbiegel vergleicht das Gebilde mit einem „chinesischen Hute“.

Eine Wintertracht bestand in einer eng anliegenden, vorn mit Grauwerk (Fell vom grauen Eichhörnchen) besetzten Pelzmütze (Tafel 17, Abb. 2, Fig. 1), der vielfach verbreiteten „Backenhaube“. Auch das dazugehörige Jöpchen war mit Pelz gefüttert.

Zu Familienfeierlichkeiten gehörte, wie wir bei den Hochzeitstrachten gesehen haben, besonders streng vorgeschriebene Kleidung. Die jungfräulichen Gevatterinnen schmückten sich mit dem Hormt und der roten Jacke; Frauen aber legten zum schwarzen Festmantel weiße Schürze und schwarzen Kittel an. Auf dem Kopfe thronte eine gewaltig

[1]) Vgl. Werratal, Abb. 37.

hohe Zobelpelzmütze, der „Saumagen“ (Abb. 78)[1]. Nach oben erweitert sie sich und wird mit seidenen Bändern und einer Schleife unter dem Kinn festgehalten. Nur reiche Bäuerinnen konnten sich diesen Staat leisten. Die „Kleinen“ (d. h. Ärmeren) begnügten sich mit dem „kleinen Bartelchen“, einer halb so hohen Pelzmütze. Den Saumagen legten auch die Konfirmandinnen bei der ersten Kommunion an.

Endlich ist noch der Trauerkleidung zu gedenken.

Da die Männer ohnehin fast durchgängig schwarze Kleidung trugen, betonten sie die Trauer nur durch den Flor, mit dem sie den Kopf des Hutes umwickelten.

Die Trauer der Weibsleute aber wurde gekennzeichnet durch den echt altwendischen weißen Kopfschmuck (wie in Tafel 17, Abb. 2, Fig. 3 und 4).

Dieser Putz war ein Schleier aus durchsichtigem Musselin. Er wurde über die „Große Haube“ aus geklöppelter schwarzer Seide, die auf der „Kleinen Haube“ oder dem Nestdeckelchen aufsaß, gezogen. Ein Teil des Schleiers hing im Rücken über den Ärmelhals des Mantels herunter; dies war das „Nangergehänge“ (Nuntergehänge), der andere Teil des Schleiers, das „Vorgebinde“ wurde nach vorn gezogen und verbarg Ohren, Mund und Kinn, wie im Rücken Haare und Nacken. Der Schleier hatte einen breiten Saum. Das Vorgebinde aber war ganz saumlos, und bei tiefer Trauer hingen sogar die Endfaden ausgefranst herunter.

Abb. 78. Altenburgerin mit dem „Saumagen“ (nach Kronbiegel)

Die Volkskleidung, die der Jetztwelt allein als „Altenburger Tracht“ bekannt ist und die heute, gleich den Trachtenstücken der meisten Gegenden, so gut wie verschwunden ist, begann sich seit dem Anfang des vorigen Jahrhunderts zu entwickeln.

Die alte Männertracht, die „Weiße“ und das runde Filzhütchen, hat sich verhältnismäßig lange erhalten (Abb. 79), nicht aber die weiten bocksledernen Hosen, die längst den langen, anliegenden Beinkleidern gewichen sind.

Bei den verheirateten Frauen trat als Kopfbedeckung und Kopfschmuck an die Stelle des „Schleiers“ ein das ganze Haar eng umschließendes Kopftuch, das oberhalb der Schultern in breit seitlich abstehende Flügel auslief (Abb. 82, Figur ganz links). Am Hinterkopf saß auf einem kurzen Stiel ein runder, flach zylinder- oder tellerförmiger, aus Stoff in Falten gepreßter Ansatz, die sogenannte „Haube“, das Kennzeichen der Frau (Abb. 80, links, und Abb. 81).

Die Mädchen trugen an Stelle des Nestes nur noch das früher um das Nest gelegte „Vorband“.

Als Kopfschmuck für besonders festliche Gelegenheiten, besonders für Hochzeiten, wurde das Hormt in etwas veränderter Form beibehalten (Abb. 82, Fig. ganz rechts).

Der weitfaltige Frauenrock wurde durch ein die Beine nur bis zu den Knien fest umschließendes, ganz schmal gefaltetes Röckchen ersetzt. Dieses Kleidungsstück war so eng, daß es nicht überzogen werden konnte, sondern umgelegt und seitlich geschlossen

[1]) Dieser Altenburger „Saumagen“ ist demnach ganz anders gestaltet als sein Namensvetter im Ringgau (Abb. 53).

werden mußte; es hinderte die Trägerin am raschen Ausschreiten, und wenn sie sich setzen wollte, mußten erst einige Knöpfe geöffnet werden (Abb. 80, Fig. rechts, und Abb. 81).

Vor dem Rock lag die weit-, zuweilen auch engfaltige Schürze.

Die Jacken wurden aus den verschiedensten Stoffen angefertigt, aus Kattun, Tuch oder Seide. Erhalten aus der alten Mode hatten sich die weitbauschigen, am Handgelenk eng geschlossenen Ärmel.

Sehr merkwürdig war der Hahnenschwanz, ein weit vom Hinterkopfe abstehendes Gebilde von der Form etwa eines Hühnerschwanzes, das in seinem hohlen Innern das Haupthaar aufnahm (Abb. 80, Fig. rechts).

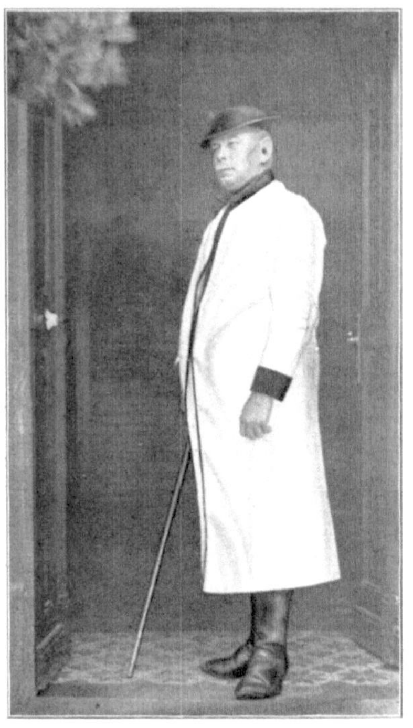

Abb. 79

Abb. 80

Abb. 79. Altenburger in der „Weißen"

Abb. 80. Altenburgerinnen: links Frau mit „Haube", rechts Mädchen mit „Hahnenschwanz"

Statt des steifen schwarzen Tuchmantels umschloß zur Winterszeit ein weiter faltiger Mantel die Frauengestalt. Ein bis zu den Knien reichender Kragen gab ihm fast das Aussehen des Thüringer Kindermantels. Rock, Schürze, Jacke, Mantel, alle strahlten in leuchtend bunten Farben.

Die große Mannigfaltigkeit der Kopftrachten aus alter Zeit war zusammengeschmolzen. Die alten Staatshauben führten ein beschauliches Dasein in den Truhen und Laden und kamen höchstens bei Festzügen zum Vorschein, vor allem bei den Bauernreiten, mit denen die Altenburger Bauernschaft ihr enges Verbundensein mit dem

Alte Trachten am und im Thüringer Walde

(Nach Mosch und Ziller, „Versuch einer Beschreibung der Sachsen-Gothaischen Tracht“, 1813)

Bursche und Mädchen von der Waldsaumstraße — 1 und 3 Ruhlaer Schurztracht, 2 und 4 Zella-Mehlis

Altenburger Trachten

(Nach C. F. Hempel, Sitten usw. der Altenburgischen Bauern. Altenburg 1839. Tafel VII und IV)

Oberes Bild: 1 Hochzeitsbitter, 2 bis 4 Hormtjungfern (2 aus jüngerer, 3 und 4 aus alter Zeit)

Unteres Bild: Ältere Frauentrachten: 1 alte Frau mit Pelzmütze (Commode), unter dem Arm ein Regentuch; 2 Mädchen im Nest; 3 und 4 Hebamme, geschleiert und im Mantel

Herzogshause in der Öffentlichkeit bekundete. Die jüngeren Bauern zu Pferde, die älteren Männer und die Frauen in Kutschen kamen bei größeren Hoffestlichkeiten in der Residenz zusammen. Indem sie im höchsten Staate vor den Fürstlichkeiten defilierten, boten sie ein Schauspiel selbstbewußten Bauernstolzes, wie es ein zweites Mal in Deutschland wohl nicht aufzubringen war (vgl. auch das bei einer solchen Gelegenheit entstandene Familienbild, Abb. 82).

Die Hauben der letzten Mode lagen über einer Stirnbinde von Spitzen und umschlossen eng den Kopf. Breite schwarze, seitlich angenähte Seidenbänder waren unter dem Kinn zu einer großen Schleife geknüpft und verdeckten zum Teil den Vorlatz. Über die Haube ist ein buntes geblümtes Tuch in verschiedener Ausführung gebunden: aus Kattun oder Seide, auch wohl fein gestickt, das über den Rücken fällt. Es erhob sich über den Schultern in zwei gewölbten Flügeln, deren breit gestickte Borte einen reichen Schmuck bildete. Bis zum Gürtel hingen die Enden über den Rücken herab (Abb. 82, Fig. links).

Abb. 81. Altenburger Frau mit „Haube“ (Zeichnung nach Hempel, Sitten usw. der Altenburger Bauern, Altenburg 1839, Tafel VIII)

Als Schlußbild des Kapitels „Altenburger Tracht“ möge die Einführung der jungen Ehefrau in ihr neues Heim dargestellt werden. Kronbiegel hat uns diesen wichtigen Abschnitt aus der Familiensitte beschrieben (S. 70ff.): „... Bey der Erscheinung des neuen Mondes (denn bis dahin bleibt die junge Frau in ihres Vaters Hause) wird Anstalt zum Einzug in das Eigentum des Bräutigams gemacht, welches die Bauern die Hämfuhre nennen; da versammlen sich denn alle, die bey der Hochzeit zugegen waren, um das neue Ehepaar auf seinem Heimzuge zu begleiten. Alles Geschenkte, nebst dem, was die junge Frau noch überdieß von ihren Eltern als Ausstattung erhält, wird auf einen Wagen gepackt, welches der Kammerwagen heißt, und welchen der junge Ehemann gemeiniglich selber führt; sobald nun angespannt ist, nimmt die neue Ehefrau von ihren Eltern und Geschwistern Abschied und steigt auf obenangeführten Kammerwagen. Sie war ehedem mit der rothen Jacke angezogen, jetzt aber (1793) erscheint sie im schwarzen Jöpchen, auf dem Kopfe hat sie den Schleyer[1]), welcher jedoch hinten offen und fliegend ist ...

Nun geht unter dem Gesange geistlicher Lieder der Zug zum Dorfe hinaus, und sämtliche Begleitende folgeu auf Pferden und Wagen nach ... Sobald man an das Guth des jungen Mannes kommt, wird die junge Frau vom Brautdiener vom Wagen gehoben ...“

Das beigegebene Schlußbild (Abb. 83) gibt ein Gemälde von Adolf Burger wieder, das der Prinzessin Marie von Sachsen-Altenburg zur Erinnerung an die Heimat mitgegeben wurde, ais sie 1873 dem Prinzen Albrecht von Preußen als Gemahlin in die Fremde folgte. Vor dem weitgeöffneten Tore seines stattlichen Gehöftes empfängt der alte Bauer

[1]) In den letzten Zeiten der Altenburger Tracht (wie sie das beigegebene Bild 83 darstellt) sind Anzug und Kopfputz natürlich zeitgemäß umgeändert.

Abb. 83. Altenburger Brautzug. Nach einem Gemälde von Adolf Burger (1873)

Abb. 82. Altenburger Bauern in Festtracht

unter Trompetenschall und dem vom Kantor geleiteten Gesange der Schulkinder die Schwiegertochter, die der Sohn ihm an der Spitze des Brautzuges zuführt. Im Hintergrunde ist der hochbepackte Brautwagen sichtbar.

Die ganze Darstellung zeigt in vortrefflicher Weise das charaktervolle Bild einer altenburgischen Bauernhochzeit aus der letzten Zeit, da noch alles auf dem Dorfe, vom kleinen Kinde bis zur alten Frau, „in Tracht" ging.

Diese Zeit liegt nun schon Jahrzehnte hinter uns. Heute ist auch die Altenburger Tracht bis auf geringe Reste aus dem Alltags- wie aus dem Festtagsleben verschwunden, in dem sie sich länger als in allen anderen Gegenden Thüringens gehalten hatte. Selbst die Bestände an alten Trachtenstücken, die sich in den Familientruhen und -schränken erhalten hatten, sind stark gelichtet worden, da die riesigen Stoffmengen, die zu den eng gefälteten Ober- und Unterkleidern verwandt worden waren, sich nur zu sehr dazu eigneten, der im Weltkriege eingetretenen Stoffnot zu steuern.

Schlußwort

Nach unserer Wanderung durch die Thüringer Trachtenwelt müssen auch wir, wie so viele andere vor uns, die Frage aufwerfen: Wie kommt es, daß so viel volkstümliche Kunst und Schönheit verschwinden und unwiederbringlich zugrunde gehen kann? Denn damit müssen wir uns abfinden, und jeder genaue Kenner der Bauernschaft, dieser Hauptvertretung der Volkstracht, ist sich längst darüber klar, daß mit den letzten Trägerinnen der Kopflappen das Bezeichnendste an der Volkstracht, der Kopfschmuck, ausstirbt. Dies gilt besonders für die Nordseite des Gebirges und das „Land". In den Tälern des Südabhanges vom Thüringer Wald wird sich der Heidlappen noch kurze Zeit halten, aber auch dort sind seine Tage gezählt; am zähesten werden die Landfrauen am Kindermantel und die Bauern am blauen Kittel festhalten.

Wer aufmerksam der Entwicklungsgeschichte der Tracht folgte, dem wird dieser Niedergang nicht unerwartet kommen. Denn seit den ältesten Zeiten war die Tracht unbeständig, und stets ist bei einer neuen Wandlung über das Verschwinden der „alten" Kleidung geklagt worden.

Es haben vielerlei Ursachen zusammengewirkt, das allmähliche Verblassen und Absterben der alten Tracht, die wir in diesen Blättern kennenlernten, zu beschleunigen. Der zunehmende Fremdenverkehr und mit ihm das Auftauchen neuer verlockender Kleidung; die allgemeine Wehrpflicht, die Tausende junger Leute in eine bunte, städtische Welt führte; die außerordentlichen Verkehrserleichterungen der Vorkriegsjahre; das Dienen der Landmädchen in den Großstädten — alle diese Anlässe und Gründe erweckten Verlangen nach neuem Putz und brachten die altväterische Gewandung der Voreltern in Mißachtung, sie sank zur Maskerade herab.

Dazu kam die Sitte, den Verstorbenen ihre beste Kleidung im Sarge anzulegen. Wie manche kunstvolle Haube ist dadurch verlorengegangen! Sehr eigentümlich ist der Grund des Verschwindens der Abendmahlstracht in einem nordthüringer Dorf (Berka a. d. H.). Die verstorbenen Frauen wurden dort in den schwarzweißen Nachtmahlsgewändern beerdigt. Eine Frau weigerte sich schließlich, mit der Nachtmahlshaube, der weißen Mullschürze und dem weißen Brustlappen zum Abendmahl zu gehen, „weil sie nicht lebend schon wie eine Leiche aussehen wolle". Und ihrem Beispiel folgten allmählich die übrigen Nachbarinnen.

In der Not und Teuerung der Kriegsjahre und den noch schlimmeren nachfolgenden Zeiten waren die Gewänder aus den dauerhaften selbstgesponnenen Stoffen in den Laden der Dorffrauen eine unschätzbare Hilfe. Von den Faltenröcken, den weiten Schürzen, den umfangreichen Girn- und Tanzhemden der Großmutter, den warmen Bratenröcken und „Mantengs" des Großvaters ist da wenig übriggeblieben.

Man hat auf verschiedene Weise versucht, die ersterbende Volkstracht neu zu beleben, ohne zu bedenken, daß es ein Unding ist, entschwindende Bräuche künstlich zu erhalten. Den meisten Erfolg versprach man sich von der Veranstaltung der Trachtenfeste selbst in solchen Gegenden, deren Volkstrachten längst ausgestorben sind (Erfurt, Mainz).

Müßte es nicht jedem Freunde des Volkstums zum Bewußtsein kommen, wie unwürdig es ist, die Sitte, die in Jahrhunderten im Heiligtum der Familie und der Gemeinde erwachsen ist, deren sinnbildliche Einzelheiten den wenigsten noch verständlich sind, zum öffentlichen Ergötzen im lärmenden Festzug zur Schau zu stellen? Fast muß man es als ein Glück ansehen, daß die zartesten und feinsten der Trachten, die für das Abendmahl und für die Braut bestimmt waren, kaum noch aufzutreiben sind und daher nicht durch öffentliche Schaustellung entwürdigt werden können.

Die treuesten Forscher und Freunde des deutschen Volkstums haben sich gegen solchen Mißbrauch gestemmt, so Rosegger, Sohnrey und Pfarrer Richard Nuzinger in Gutach im Schwarzwald.

Die alten Volkstrachten haben für uns nur noch geschichtlichen und Schönheitswert. Der wird unvergänglich sein und Kunst- und Heimatforschung dauernd befruchten.

Wir dürfen aber hoffen, daß der künstlerische Schönheitssinn und die heimatliche selbständig-eigenartige Schöpferkraft, die das stolze und sinnige Gebilde hervorbrachte, das wir in der alten Tracht kennenlernten, nicht mit dieser Tracht erstorben ist, sondern nur schlummert. Wenn das deutsche Volkstum einst aus seiner Verirrung erwacht und sich auf seine reiche Vergangenheit besinnt, wird es mit dem Drang zur Gesundung auf allen Gebieten auch eine neue deutsche Volksgewandung hervorbringen.

Benutzte Literatur zum Thüringer Trachtenbuch

Dreger, Moritz, Künstliche Entwicklung der Weberei und Stickerei. Wien 1904.

Falke, Jacob, Die Entstehung und Gestaltung der deutschen Volkstrachten. Müller und Falke, Zeitschr. für deutsche Kulturgeschichte IV. 1859.

— Kostümgeschichte der Kulturvölker. Stuttgart.

Friese, F., Historische Nachrichten von denen merkwürdigen Zeremonien der altenburgischen Bauern. 1703.

Fritze, E., Dorfbilder II. Fünfzig Jahre Geschichte eines Frankendorfes. Neue Beiträge zur Geschichte deutschen Altertums. Meiningen 1913. S. 57ff.

Geisthirt, Joh. Conrad, Historia Schmalcaldica. Herausgegeben vom Verein für hennebergische Geschichte. 1881ff.

Gerbing, L., Thüringer Trachten. Thür. Monatsblätter Jg. 2, Nr. 4 u. 7. Jg. 3, Nr. 6 u. 10.

— Die Volkstracht Mittelthüringens. Thür. Hausfreund in Wort u. Bild; Erfurter Allgem. Anzeiger Jg. 10, Nr. 20.

— Die Thür. Volkstrachten. Zeitschr. d. Vereins f. Volkskunde 1908, Heft 4.

— Die Ruhlaer Tracht. Ruhla 1909.

Geyer, M., Die Altenburger Bauern. Globus Bd. 61. 1892.

Götze, A., P. Höfer, P. Zschiesche, Die vor- und frühgeschichtlichen Altertümer Thüringens. Würzburg 1909.

Hartung, Häuserchronik der Stadt Erfurt. Erfurt 1860.

Hefner-Alteneck, Trachten des christlichen Mittelalters. Frankfurt 1840—1854.

Hempel, Karl Friedrich, Sitten, Gebräuche, Trachten, Mundart, häusliche und landwirtschaftliche Einrichtungen der Altenburgischen Bauern. Altenburg 1839.

Hering, F., Tambach im Thüringer Wald. Mitt. d. Vereinigung für Gothaische Geschichte Jg. 1902.

Hertel, Ludw., Thüringer Sprachschatz. Weimar 1895.

Heßler, Hessische Landes- und Volkskunde Bd. 2. Marburg 1904.

Heyden, A. v., Die Tracht der Kulturvölker Europas. Leipzig 1889.

Heyne, Moritz, Fünf Bücher deutscher Hausaltertümer. Bd. 3: Körperpflege und Kleidung. Leipzig 1903.

Hönn, Das Dorf Milz einst und jetzt. Festschrift zum Heimat- und Trachtenfest in Milz. Hildburghausen 1909.

— Aus der Vergangenheit und Gegenwart des Dorfes Milz. Hildburghausen 1910.

Hottenroth, Friedr., Deutsche Volkstrachten, städtische und ländliche, Bd. 1—3. Frankfurt a. M. 1898, 1900, 1902.

Julien, Rose, Die deutschen Volkstrachten zu Beginn des 20. Jahrhunderts. München 1912.

Julien, Rose, Von der deutschen Volkstracht. Heimatschutz Jg. XII, Heft 2. 1914.
— Deutsche Trachtengruppen im Reich nach den Abzeichen weiblicher Kopftrachten. Petermanns geogr. Mitt. Gotha 1920.
Kaiserchronik, die, eines Regensburger Geistlichen. Herausgeg. von Edward Schröder. Hannover 1892.
Justi, F. Hessisches Trachtenbuch. Marburg 1905.
Kirchhoff, A., Die Halloren in ihrer alten Tracht. Halle 1888.
— Die ältesten Weistümer der Stadt Erfurt. Halle 1870.
Kretschmar, A., Deutsche Volkstrachten. Leipzig. 2. Aufl.
Kronbiegel, Karl Friedrich, Über die Kleidertracht, Sitten und Gebräuche der Altenburgischen Bauern. Altenburg 1793.
Land- und Forstwirtschaft, Die, des Fürstentums Schwarzburg-Sondershausen. Sondershausen 1862.
Lehfeldt, P., Bau- und Kunstdenkmäler Thüringens, a. a. O.
Lipperheide, Bibl., Berlin:
— Blätter für Kostümkunde. Neue Folge Bd. II. Berlin 1881.
— Heldt, Siegmundt, Abkonterfeittung allerlei Ordenspersonen. Nürnberg 1560—1586. Bilderhandschrift. Lipp. 4.
— Fasti Limpurgenses, Chronik der Stadt Limpurg, 1720. Lipp. 446.
— Vecellio, Cesare, Degli habiti antichi et moderni di diversi parti del mondo. Lipp. 21.
— Will, Joh. Martin, Sammlung europäischer Nationaltrachten, III. Teil. 18. Jahrh. Lipp. 565.
Mosch, C. F., und F. C. Ziller, Versuch einer Beschreibung der Sachsen-Gothaischen Lande. Gotha 1813.
Naumann, Hans, Primitive Gemeinschaftskultur. Jena 1921.
— Grundzüge der deutschen Volkskunde. Leipzig 1922.
Nuzinger, Rich., Die Erhaltung der Volkstrachten. Heidelberg 1897.
Pachinger, A. M., Glaube und Aberglaube im Steinreich. München 1912.
Pazaurek, E., Glasperlen in Perlenarbeiten alter und neuer Zeit. Darmstadt 1911.
Regel, Fr., Handbuch von Thüringen, Teil II, Buch 2, Die Bewohner. S. 777, 805.
Schmidt, Franz, Sitten und Gebräuche bei Hochzeiten, Taufen und Begräbnissen in Thüringen. Weimar 1863.
Schultz, A., Höfisches Leben. Leipzig 1879.
— Deutsches Leben im 14. und 15. Jahrhundert. Wien, Tempski.
Siebmachers, Hans, Stick- und Spitzenmusterbuch nach der Ausgabe von 1597. Wien 1866.
Sömmering, Über die Wirkung der Schnürbrüste. 1788. 1793.
Spieß, B., Volkstümliches aus dem Fränkisch-Hennebergischen. Wien 1809.
— Die deutschen Volkstrachten. Teubner, Aus Natur und Geisteswelt.
Urff, G. S., Braut- und Jungfernkronen. Westermanns Monatshefte 1920, Heft 11, S. 518.
Wackernagel, Wilh., Kleine Schriften Bd. I. Leipzig 1872. Die Farben- und Blumensprache des Mittelalters, S. 142ff.
Weber, P., Die Bau- und Kunstdenkmäler im Regierungsbezirk Kassel. Bd. 5: Kreis Herrschaft Schmalkalden. A. Pistor, Die Trachten der Herrschaft Schmalkalden.
Weinhold, Karl, Die deutschen Frauen. Wien 1897.
Weiß, Herm., Kostümkunde. Geschichte der Tracht und des Geräts. 1881.
Wüstefeld, Karl, Untergegangene Gewerbe in Duderstadt. Unser Eichsfeld 1913, Heft 1; 1914, Heft 2, 3, 4.

Register

Weitere Bücher von Luise Gerbing im Verlag Rockstuhl

Flurnamen des Herzogtums Gotha 1910

Band 1 Das Buch

Festeinband, Reprint, 606 Seiten

ISBN 978-3-86777-731-5 **39,95 €**

Band 2 Karte im Ringbuch

Ringbindung - A 4, Reprint,
48 Seiten, 36 Abbildungen

ISBN 978-3-86777-732-2 **19,95 €**